Stundenblätter

Georg Büchner

Dantons Tod

Claus Schlegel

Ernst Klett Verlag
Stuttgart · Leipzig

Vorwort

Die Reihe **Stundenblätter** ist konzeptionell überarbeitet und den aktuellen Anforderungen an Ihre Unterrichtsvorbereitung angepasst worden. Sie bietet Ihnen zu ausgewählten Abiturlektüren ein komplettes Unterrichtsmodell, gegliedert in praktikable thematische Module.

Eingangs finden Sie **zwei Vorschläge für Ihre Unterrichtsgestaltung:** Die erste Übersicht zeigt einen maximalen Durchgang durch das Thema, die zweite Übersicht den verkürzten Durchgang, wenn die Zeit knapp ist.

Drei Kapitel bieten alles Nötige für das Gelingen Ihres Unterrichts.

1. Die **Kopiervorlagen** im ersten Teil sind sofort im Unterricht einsetzbar.

Mithilfe der Kopiervorlagen lässt sich der literarische Text vollständig und kompetenzorientiert erschließen. Kleine Schreibaufträge bereiten den Aufsatz vor.

Die Kopfzeile der Arbeitsblätter dient der schnellen Orientierung. Sie gibt das Thema des Moduls an und zeigt, ob die Kopiervorlage für den Unterrichtsgang notwendig ist (obligatorisch) oder der Ausweitung und Vertiefung dient (fakultativ).

Den Abschluss bilden **zwei Klausurvorschläge**. Die erste Klausur ist als Übungsklausur für Ihre Schülerinnen und Schüler gedacht, anhand derer diese gegebenenfalls noch einmal für den Ernstfall trainieren können. Für Sie als Lehrkraft gibt es einen Klausurvorschlag mit Bewertungsraster.

Sie können sich übrigens alle Kopiervorlagen auf www.klett.de (Eingabe des Online-Codes in das Suchfenster) als PDF oder als veränderbare Worddatei herunterladen. So haben Sie also die Möglichkeit, die Arbeitsblätter aus diesem Heft zu kopieren, sie als PDF auszudrucken oder aber die Word-Vorlage individuell den Bedürfnissen Ihrer Lerngruppe anzupassen.

2. Die **Analyse und Interpretation** des Originaltextes stellt im zweiten Teil die wichtigsten Interpretationsergebnisse schnell erfassbar dar und vermittelt Ihnen weiterführende Sachinformationen.

3. **Kommentare und Lösungen** finden Sie im dritten Teil.

Zu allen Modulen werden die Intention, Zielvorstellungen und Kompetenzerwartungen, Zeitbedarf sowie Hinweise zum Unterrichtsverlauf übersichtlich dargestellt.

Daran schließen sich ausführliche Lösungen und Erwartungshorizonte zu jeder Kopiervorlage an, so dass die Arbeitsergebnisse der Schüler leicht überprüfbar werden.

Wir wünschen Ihnen viel Erfolg in Ihrem Unterricht!

Inhalt

Vorwort 2
Inhalt 3
Übersicht über die Unterrichtseinheit (Maximalplan) 5
Übersicht über die Unterrichtseinheit (Minimalplan) 8

Kopiervorlagen 10

Modul I Zugänge

KV 1 Von der Empörung zur Revolution - Vorstellungen und Begriffe klären 10
KV 2 Die historische Person Danton kennenlernen 11

Modul II Häusliche Lektürephase/Sicherung des Textverständnisses

KV 3 Inhaltsübersicht für das Drama anlegen 12
KV 4 Leseeindrücke während der Lektüre festhalten 13
KV 5 Textverständnis evaluieren 14

Modul III Kontexte: Der historische Hintergrund des Dramas

KV 6 Die wichtigsten Ereignisse und Begriffe der Französischen Revolution recherchieren 15
KV 7 Ereignisse und Stationen der Französischen Revolution anhand eines Sachtextes vertiefen 16
KV 8 Die Septembermorde – eine historische Quelle auswerten 18
KV 9 Historische Vorbilder der Dramenfiguren kennenlernen 19
KV 10 Die Haltung der deutschen Schriftsteller zur Französischen Revolution erarbeiten 20

Modul IV Kontexte: Georg Büchner und seine Zeit

KV 11 Der Fatalismusbrief – Georg Büchners Einstellung zur Revolution klären 22
KV 12 Der Hessische Landbote – Georg Büchners politisches Engagement erschließen 23
KV 13 Der Hessische Landbote – Argumentationsstrategie und Sprache untersuchen 24

Modul V Die Erschließung des Dramas

KV 14 Erschließungsaspekte für ein Drama auswählen 25
KV 15 Die Exposition des Dramas (I,1) exemplarisch analysieren 26
KV 16 Danton und Robespierre – einen Dialog analysieren (I,6) 27
KV 17 Danton und Robespierre – gegensätzliche Figuren vergleichend charakterisieren 28
KV 18 Den historischen mit dem literarischen Danton vergleichen 30
KV 19 Der private und der öffentliche Danton - eine Rede analysieren (III,4) 32
KV 20 Figurenkonstellation im Drama untersuchen 33
KV 21 Die Frauenfiguren des Dramas erschließen 34

Modul VI Themen und Motive

KV 22 Eros und Liebe – Themen und Motive untersuchen 35
KV 23 Spiel, Theater, Bühne – Themen und Motive untersuchen 36
KV 24 Existenz, Tod und Jenseits – Themen und Motive untersuchen 37
KV 25 Langeweile und Müßiggang – Themen und Motive untersuchen 38

Modul VII Formale Aspekte des Dramas

KV 26 Georg Büchners Kunstauffassung erschließen 40
KV 27 Die Rolle des Volkes untersuchen 41
KV 28 Aufbau und Struktur eines Dramas erarbeiten 42
KV 29 Geschlossene und offene Form im Drama vergleichen 43

Modul VIII Wiederholen und Sichern

KV 30 Ein „Buddy-book“ erstellen 44

Klausurvorschläge

KV 31 Übungsklausur für Schüler 45
KV 32 Klausurvorschlag für die Lehrkraft 47
KV 33 Kriterienkatalog für die Bewertung 48

Analyse und Interpretation 50

Georg Büchner: Dantons Tod 50

Kommentare und Lösungen 58

Modul I 58
Modul II 62
Modul III 66
Modul IV 71
Modul V 76
Modul VI 84
Modul VII 89
Modul VIII 94

Modul	Thema	Material	Kompetenzen	Sozialform	Zeitbedarf
I	**Zugänge**	KV 1: Von der Empörung zur Revolution – Vorstellungen und Begriffe klären (fakultativ)	- Inhalte von Sachtexten erfassen, vergleichen und diskutieren	Partnerarbeit Unterrichtsgespräch	2 Stunden (= 90 min)
		KV 2: Die historische Person Danton kennenlernen (fakultativ)	- eine historische Person charakterisieren	Partnerarbeit Unterrichtsgespräch	1 Stunde (= 45 min)
II	**Häusliche Lektürephase/ Sicherung des Textverständnisses**	KV 3: Inhaltsübersicht für das Drama anlegen	- Inhaltsübersicht und - vorläufiges Verständnis - des Dramas selbständig - erarbeiten	Einzelarbeit	14 Tage
		KV 4: Leseeindrücke während der Lektüre festhalten	- persönliche Lektüre hinterfragen - Probleme des Textverstehens benennen - Leseeindrücke austauschen	Gruppenarbeit Unterrichtsgespräch	1 Stunde (= 45 min)
		KV 5: Textverständnis evaluieren (fakultativ)	- Textverständnis überprüfen - Formulierungen im Text wiederfinden	Einzel- oder Partnerarbeit Unterrichtsgespräch	2 Stunden (= 90 min)
III	**Kontexte: Der historische Hintergrund des Dramas**	KV 6: Die wichtigsten Ereignisse und Begriffe der Französischen Revolution recherchieren (fakultativ)	- historische Zusammenhänge recherchieren und verstehen - eine Zeitleiste anlegen	Gruppenarbeit Unterrichtsgespräch	2 Stunden (= 90 min)
		KV 7: Ereignisse und Stationen der Französischen Revolution anhand eines Sachtextes vertiefen	- historische Zusammenhänge verstehen - Autorintentionen erschließen	Gruppenarbeit Unterrichtsgespräch	1 Stunde (= 45 min)
		KV 8: Die Septembermorde – eine historische Quelle auswerten (fakultativ)	- Sachtext zusammenfassen - fiktionale und historische Ereignisse in Bezug setzen	Partnerarbeit Unterrichtsgespräch	1 Stunde (= 45 min)
		KV 9: Historische Vorbilder der Dramenfiguren kennenlernen (fakultativ)	- historische Biografien recherchieren - eine kurze Rede halten	Gruppenarbeit Unterrichtsgespräch	1 Stunde (= 45 min)
		KV 10: Die Haltung der deutschen Schriftsteller zur Französischen Revolution erarbeiten (fakultativ)	- historische Überzeugungen erfassen und vergleichen - Standpunkte diskutieren	Gruppenarbeit Unterrichtsgespräch	2 Stunden (= 90 min)

Modul	Thema	Material	Kompetenzen	Sozialform	Zeitbedarf
IV	**Kontexte: Georg Büchner und seine Zeit**	KV 11: Der Fatalismusbrief – Georg Büchners Einstellung zur Revolution klären	– Entstehungsbedingungen und Autorintentionen erschließen	Einzel- oder Partner-arbeit Unterichts-gespräch	1 Stunde (= 45 min)
		KV 12: Der Hessische Land-bote – Georg Büchners politisches Engagement erschließen	– Entstehungsbedingungen erschließen – fiktionale und historische Ereignisse in Bezug setzen – Texte tabellarisch auswerten und präsentieren	Einzelarbeit Gruppen-arbeit Unterrichts-gespräch	2 Stunden (= 90 min)
		KV 13: Der Hessische Land-bote – Argumentations-strategie und Sprache unter-suchen (fakultativ)	– Entstehungsbedingungen erschließen – fiktionale und historische Ereignisse in Bezug setzen – Texte tabellarisch auswerten und präsentieren	Partner-arbeit Unterrichts-gespräch	1 Stunde (= 45 min)
V	**Die Erschließung des Dramas**	KV 14: Erschließungsaspekte für ein Drama auswählen	– Untersuchungsaspekte von Dramen erschließen und hierarchisieren	Gruppen-arbeit Unterrichts-gespräch	1 Stunde (= 45 min)
		KV 15: Die Exposition des Dramas (I,1) exemplarisch analysieren	– Concept-Map erstellen – Dramen-Exposition er-schließen	Einzelarbeit Gruppen-arbeit Unterrichts-gespräch	2 Stunden (= 90 min)
		KV 16: Danton und Robes-pierre – einen Dialog analy-sieren (I,6)	– Dialog analysieren – Rollenverhalten erschließen – szenischen Text vortragen	Einzelarbeit Partner-arbeit Unterrichts-gespräch	1 Stunde (= 45 min)
		KV 17: Danton und Robes-pierre – gegensätzliche Figuren vergleichend cha-rakterisieren	– Dramenfiguren vergleichend charakterisieren	Partner-arbeit Unterrichts-gespräch	2 Stunden (= 90 min)
		KV 18: Den historischen mit dem literarischen Danton vergleichen (fakultativ)	– Sachtext analysieren und diskutieren – fiktionale Figur mit der histo-rischen Person vergleichen	Partner-arbeit Unterrichts-gespräch	1 Stunde (= 45 min)
		KV 19: Der private und der öffentliche Danton – eine Rede analysieren (III,4) (fakultativ)	– szenischen Text vortragen – Rede analysieren – Redetexte schriftlich vergleichen	Einzelarbeit Partner-arbeit Unterrichts-gespräch	1 Stunde (= 45 min)

Modul	Thema	Material	Kompetenzen	Sozialform	Zeitbedarf
		KV 20: Figurenkonstellationen im Drama untersuchen	- Figurenskizze anfertigen - Dramenfiguren vergleichend in Bezug setzen	Gruppenarbeit Unterrichtsgespräch	2 Stunden (= 90 min)
		KV 21: Die Frauenfiguren des Dramas erschließen	- Dramenfiguren erschließen - Rollentexte verfassen	Einzelarbeit Unterrichtsgespräch	1 Stunde (= 45 min)
VI	**Themen und Motive**	KV 22: Eros und Liebe – Themen und Motive untersuchen	- Drama unter einem konkreten Thema auswerten - Collage anfertigen	Gruppenarbeit Unterrichtsgespräch	2 Stunden (= 90 min)
		KV 23: Spiel, Theater, Bühne – Themen und Motive untersuchen	- Vorstellungen zu einem abstrakten Thema entwickeln - Kurzvortrag halten	Gruppenarbeit Einzelarbeit Unterrichtsgespräch	1 Stunde (= 45 min)
		KV 24: Existenz, Tod und Jenseits – Themen und Motive untersuchen	- Drama zu einem abstrakten Thema auswerten - Thesen erörtern	Gruppenarbeit Unterrichtsgespräch	1 Stunde (= 45 min)
		KV 25: Langeweile und Müßiggang – Themen und Motive untersuchen (fakultativ)	- Figurenverhalten analysieren - Figurendarstellungen vergleichen	Einzelarbeit Unterrichtsgespräch	2 Stunden (= 90 min)
VII	**Formale Aspekte des Dramas**	KV 26: Georg Büchners Kunstauffassung erschließen	- poetologische Konzepte verstehen - sprachliche Mittel in ihrer Funktion beschreiben	Einzelarbeit Gruppenarbeit Unterrichtsgespräch	1 Stunde (= 45 min)
		KV 27: Die Rolle des Volkes untersuchen (fakultativ)	- Dramentexte inhaltlich und sprachlich vergleichen - Figurendarstellungen analysieren	Einzelarbeit Unterrichtsgespräch	1 Stunde (= 45 min)
		KV 28: Aufbau und Struktur des Dramas erarbeiten	- Strukturtypen des Dramas erfassen und vergleichen	Einzelarbeit Unterrichtsgespräch	1 Stunde (= 45 min)
		KV 29: Geschlossene und offene Form im Drama vergleichen	- idealtypische Formen des Dramas kennenlernen und vergleichen	Einzelarbeit Unterrichtsgespräch	1 Stunde (= 45 min)
VIII	**Wiederholen und Sichern**	KV 30: Ein „Buddy-Book" erstellen (fakultativ)	- Ergebnisse schriftlich zusammenfassen - Ergebnisse vergleichen und optimieren	Einzelarbeit Partnerarbeit	1 Doppelstunde (= 90 min)

Modul	Thema	Material	Kompetenzen	Sozialform	Zeitbedarf
II	**Häusliche Lektürephase/ Sicherung des Textverständnisses**	KV 3: Inhaltsübersicht für das Drama anlegen	- Inhaltsübersicht und vorläufiges Verständnis des Dramas selbständig erarbeiten	Einzelarbeit	14 Tage
		KV 4: Leseeindrücke während der Lektüre festhalten	- persönliche Lektüre hinterfragen - Probleme des Textverstehens benennen - Leseeindrücke austauschen	Gruppenarbeit Unterrichtsgespräch	1 Stunde (= 45 min)
III	**Kontexte: Der historische Hintergrund des Dramas**	KV 7: Ereignisse und Stationen der französischen Revolution anhand eines Sachtextes vertiefen	- historische Zusammenhänge verstehen - Autorintentionen erschließen	Gruppenarbeit Unterrichtsgespräch	1 Stunde (= 45 min)
IV	**Kontexte: Georg Büchner und seine Zeit**	KV 11: Der Fatalismusbrief – Georg Büchners Einstellung zur Revolution klären	- Entstehungsbedingungen und Autorintentionen erschließen	Einzel- oder Partnerarbeit Unterichtsgespräch	1 Stunde (= 45 min)
		KV 12: Der Hessische Landbote – Georg Büchners politisches Engagement erschließen	- Entstehungsbedingungen erschließen - fiktionale und historische Ereignisse in Bezug setzen - Texte tabellarisch auswerten und präsentieren	Einzelarbeit Gruppenarbeit Unterrichtsgespräch	2 Stunden (= 90 min)
V	**Die Erschließung des Dramas**	KV 14: Erschließungsaspekte für ein Drama auswählen	- Untersuchungsaspekte von Dramen erschließen und hierarchisieren	Gruppenarbeit Unterrichtsgespräch	1 Stunde (= 45 min)
		KV 15: Die Exposition des Dramas (I,1) exemplarisch analysieren	- Concept-Map erstellen - Dramen-Exposition erschließen	Einzelarbeit Gruppenarbeit Unterrichtsgespräch	2 Stunden (= 90 min)
		KV 16: Danton und Robespierre – einen Dialog analysieren (I,6)	- Dialog analysieren - Rollenverhalten erschließen - szenischen Text vortragen	Einzelarbeit Partnerarbeit Unterrichtsgespräch	1 Stunde (= 45 min)
		KV 17: Danton und Robespierre – gegensätzliche Figuren vergleichend charakterisieren	- Dramenfiguren vergleichend charakterisieren	Partnerarbeit Unterrichtsgespräch	2 Stunden (= 90 min)

Modul	Thema	Material	Kompetenzen	Sozialform	Zeitbedarf
		KV 20: Figurenkonstellationen im Drama untersuchen	- Figurenskizze anfertigen - Dramenfiguren vergleichend in Bezug setzen	Gruppenarbeit Unterrichtsgespräch	2 Stunden (= 90 min)
		KV 21: Die Frauenfiguren des Dramas erschließen	- Dramenfiguren erschließen - Rollentexte verfassen	Einzelarbeit Unterrichtsgespräch	1 Stunde (= 45 min)
VI	**Themen und Motive**	KV 22: Eros und Liebe – Themen und Motive untersuchen	- Drama unter einem konkreten Thema auswerten - Collage anfertigen	Gruppenarbeit Unterrichtsgespräch	2 Stunden (= 90 min)
		KV 23: Spiel, Theater, Bühne – Themen und Motive untersuchen	- Vorstellungen zu einem abstrakten Thema entwickeln - Kurzvortrag halten	Gruppenarbeit Einzelarbeit Unterrichtsgespräch	1 Stunde (= 45 min)
		KV 24: Existenz, Tod und Jenseits – Themen und Motive untersuchen	- Drama zu einem abstrakten Thema auswerten - Thesen erörtern	Gruppenarbeit Unterrichtsgespräch	1 Stunde (= 45 min)
VII	**Formale Aspekte des Dramas**	KV 26: Georg Büchners Kunstauffassung erschließen	- poetologische Konzepte verstehen - sprachliche Mittel in ihrer Funktion beschreiben	Einzelarbeit Gruppenarbeit Unterrichtsgespräch	1 Stunde (= 45 min)
		KV 28: Aufbau und Struktur des Dramas erarbeiten	- Strukturtypen des Dramas erfassen und vergleichen	Einzelarbeit Unterrichtsgespräch	1 Stunde (= 45 min)
		KV 29: Geschlossene und offene Form im Drama vergleichen	- idealtypische Formen des Dramas kennenlernen und vergleichen	Einzelarbeit Unterrichtsgespräch	1 Stunde (= 45 min)

Von der Empörung zur Revolution – Vorstellungen und Begriffe klären

Im Jahr 2010 wurde überraschend die Streitschrift eines 93-jährigen Schriftstellers zum Bestseller, vor allem bei jungen Menschen: „Empört euch!" von Stéphane Hessel. Der Autor wurde 1917 in Berlin geboren, zog mit sieben Jahren mit seinen Eltern nach Paris und wurde 1939 französischer Staatsbürger. Er war Mitglied der Résistance, hat das KZ Buchenwald überlebt und ist Mitverfasser und -unterzeichner der Charta der Menschenrechte.

Stéphane Hessel: Empört euch (2010)

Das Grundmotiv der Résistance war die Empörung. Wir, die Veteranen der Widerstandsbewegung und der Kampfgruppen des Freien Frankreich, rufen die Jungen auf, das geistige und moralische Erbe der Résistance, ihre Ideale mit neuem Leben zu erfüllen und weiterzugeben. Mischt Euch ein, empört euch! Die Verantwortlichen in Politik und Wirtschaft, die Intellektuellen, die ganze Gesellschaft dürfen sich nicht kleinmachen und kleinkriegen lassen von der internationalen Diktatur der Finanzmärkte, die es so weit gebracht hat, den Frieden und die Demokratie zu gefährden.

Ich wünsche allen, jedem Einzelnen von euch einen Grund zur Empörung. Das ist kostbar. Wenn man sich über etwas empört, wie mich der Naziwahn empört hat, wird man aktiv, stark und engagiert. [...]

Gewiss stehen die Jungen heute in einer anderen Wirklichkeit als ich [...]: Für euch liegen die Anlässe, euch zu engagieren, nicht mehr so offen zutage. [...] Die Gründe, sich zu empören, sind heutzutage oft nicht so klar auszumachen – die Welt ist zu komplex geworden. Wer befiehlt, wer entscheidet? Es ist nicht immer leicht, zwischen all den Einflüssen zu unterscheiden, denen wir ausgesetzt sind. [...] Um wahrzunehmen, dass es in dieser Welt auch unerträglich zugeht, muss man genau hinsehen, muss man suchen. Ich sage den Jungen: Wenn ihr sucht, werdet ihr finden. „Ohne mich" ist das Schlimmste, was man sich und der Welt antun kann. Den „Ohne mich"-Typen ist eines der absolut konstitutiven Merkmale des Menschen abhanden gekommen: die Fähigkeit zur Empörung und damit zum Engagement.

Aus: Stéphane Hessel: Empört euch! Berlin: Ullstein Verlag 2011, S. 9–13, Übersetzer: Michael Kogon

1 Lesen Sie den Text von Hessel. Äußern Sie sich spontan, über welche Ungerechtigkeiten in der Gegenwart Sie sich so empören können, dass Sie auf der Straße protestieren würden.

2 Ob der Tahrir-Platz in Kairo, die Auseinandersetzungen um Stuttgart 21, die Occupy-Bewegung gegen die Macht der Banken oder die Proteste in Griechenland und Spanien usw. – die letzen Jahre waren bestimmt von Empörung, Protesten und Demonstrationen. Diskutieren Sie: Wo sehen Sie Gemeinsamkeiten, wo Unterschiede? Welche Ursachen lassen sich für die jeweiligen Proteste erkennen? Welchen Wert sehen Sie in den Aktionen? Halten Sie politisches Engagement überhaupt für sinnvoll?

3 Bestimmen und diskutieren Sie Hessels Auffassung vom Wert der Empörung.

Wladimir Iljitsch Lenin: Die Merkmale einer revolutionären Situation (1915)

Der russische Revolutionär machte sich im Jahre 1915 Gedanken über die Voraussetzungen für eine revolutionäre Situation.

Welches sind, allgemein gesprochen, die Merkmale einer revolutionären Situation? Wir gehen sicherlich nicht fehl, wenn wir folgende drei Hauptmerkmale anführen:

1. Für die herrschenden Klassen ist es unmöglich, ihre Herrschaft unverändert aufrechtzuerhalten; die eine oder andere Krise der „oberen Schichten", eine Krise der Politik der herrschenden Klasse, die einen Riss entstehen lässt, durch den sich Unzufriedenheit und Empörung der unterdrückten Klassen Bahn bricht.

2. Die Not und das Elend der unterdrückten Klassen verschärfen sich über das gewöhnliche Maß hinaus.

3. Infolge der erwähnten Ursachen steigert sich erheblich die Aktivität der Massen, die sich in der „friedlichen" Epoche ruhig ausplündern lassen, in stürmischen Zeiten dagegen sowohl durch die ganze Krisensituation als auch durch die „oberen Schichten" selbst zu selbständigem historischen Handeln gedrängt werden.

Aus: Original: Lenin. V. I., Poln. sobr. soc., T.26, c. 218–219; deutsch: „Der Zusammenbruch der II. Internationale", geschrieben Juni 1915, zuerst veröffentlicht am 27. Juli 1924 in der „Prawda" Nr. 169, zit. nach W. I. Lenin, Werke, Bd. 21, Berlin: Dietz 1974, S. 206–207

4 Vergleichen Sie die Texte von Hessel und Lenin. Arbeiten Sie Gemeinsamkeiten und Unterschiede heraus.

5 Stellen Sie zusammen, welche revolutionären Umstürze oder Revolutionen Ihnen bekannt sind. Wie sind die Folgen und Ergebnisse jeweils zu bewerten?

NAME:

DATUM / KURS:

Die historische Person Danton kennenlernen

Zeitungsnotiz vom 9. April 1794

Dantons Prozess ist schon geendigt. Am 5. erschien er mit Camille Desmoulins, Fabre d'Eglantine, Delaunay, Chabot, Lacroix, Philippeaux, Bazire, Hérault de Séchelles, d'Espagnac, Westermann, den Gebrüdern Frey, Guzmann und Diedrichsen zum letzten Mal vor dem Revolutionsgericht. Man gestattete ihnen nicht, etwas zu ihrer Verteidigung vorzubringen. Die Angeklagten protestierten, schimpften, drohten und schäumten Wut und Verzweiflung. Die Richter blieben wenigstens dem Äußeren nach kalt, sammelten die Stimmen und sprachen Lüttier frei, über alle übrigen aber das Todesurteil, welches noch am nämlichen Tage vollzogen wurde. Danton behielt bis auf den letzten Augenblick seine freche Standhaftigkeit, die er bei mehreren Gelegenheiten gezeigt hat. Ehe er noch den Karren bestieg, ließ er seiner achtzehnjährigen Frau sagen, sie möchte seinen neunzehnjährigen Bruder heiraten: er sei ein Herzensjunge, der sie und seine Kinder lieben würde. Auf dem Karren affektierte er Lustigkeit. Unter anderem sagte er zu Fabre d'Eglantine, der als Dichter bekannt ist: „Bald werden wir auch Dichter sein wie du; Nous ferons des vers de nos cadavres." („Wir werden Würmer von unseren Leichen machen." Das Wort „vers" bedeutet Verse und Würmer.) Auf dem Wege nach dem Gerichtsplatz, sprach Demoulins ununterbrochen zu dem Volk, welches ganz ruhig blieb. Die übrigen unterhielten sich untereinander. Der Däne Diedrichsen legte zuerst das Haupt unter die Guillotine, und Danton wurde, als der Strafbarste, zuletzt hingerichtet. Als er das Blutgerüst bestiegen hatte, grüßte er erst das umherstehende Volk, näherte sich hierauf der Guillotine, verbeugte sich gegen sie und erhielt den Todesstreich. Die Hinrichtung dauerte überhaupt nur 18 Minuten.

Vossische Zeitung, 1794, Nr. 48

Georges Jacques Danton (1759–1794) vor seiner Hinrichtung, Radierung um 1800
[Getty Images (Hulton Archive), München]

1 Lesen Sie den Text und betrachten Sie die Abbildung. Formulieren Sie erste Eindrücke zum Charakter von Danton.

2 Lesen Sie den Text „Der Revolutionär Danton" auf S. 84 im Klett Editionenheft und ergänzen Sie Ihr Charakterbild Dantons.

3 Wie gestaltet Büchner den Gang Dantons zur Richtstätte in Szene IV,7 seines Dramas „Dantons Tod"? Lesen Sie auf Seite 74 f. im Klett Editionenheft nach und fassen Sie Ihre Ergebnisse kurz zusammen.

NAME:

DATUM / KURS:

Inhaltsübersicht für das Drama anlegen

Sie haben Zeit, das Drama „Dantons Tod“ vom ______________ bis zum ______________ zu lesen.

Muster für die Inhaltsübersicht

Akt/Szene	Personen	Zeitpunkt/ Zeitumfang	Schauplatz/ Handlungsort	Direkte Handlung	Verdeckte Handlung
I,1					
I,2					
I,3					
I,4					
I,5					
I,6					

1 Erstellen Sie eine Inhaltsübersicht für jeden Akt nach dem vorliegenden Muster.

2 Bei einer Bühnenhandlung wird zwischen direkter und verdeckter Handlung unterschieden. Mit der direkten Handlung ist das auf der Bühne sichtbare Geschehen gemeint, mit der verdeckten Handlung die Ereignisse, die per Botenbericht oder Mauerschau präsentiert werden, oder Handlung, die sich vor der Szene bzw. sich zwischen den Szenen oder Akten ereignet hat.

3 Halten Sie alle Zeitangaben im Stück fest und versuchen Sie dadurch eine chronologische Abfolge der Ereignisse zu erstellen.

4 Notieren Sie sich schwierige inhaltliche Zusammenhänge, die Sie – auch nach mehrmaligem Lesen – nicht verstehen.

5 Falls Ihnen historische Zusammenhänge unklar sind, schlagen Sie in der Zeitleiste auf S. 131 ff. bzw. im Personenverzeichnis auf S. 137 f. im Klett Editionenheft nach und/oder recherchieren Sie im Internet. Seien Sie unbesorgt, falls sich Ihnen einige Bezüge trotz Recherche nicht erschließen – später im Unterricht wird noch ausführlicher auf den historischen Hintergrund eingegangen.

NAME:

DATUM / KURS:

Leseeindrücke während der Lektüre festhalten

An Büchners Drama „Dantons Tod“ aus dem Jahr 1835 …

… fand ich spannend/interessant bzw. lesenswert:

… missfiel mir/langweilte bzw. ermüdete mich:

… habe ich die folgenden Formulierungen oder Sachverhalte nicht verstanden:

… möchte ich folgende Fragen/Gesichtspunkte näher untersuchen:

1. Notieren Sie sich während der Lektüre oder nach deren Abschluss zu allen vier Punkten Ihre Eindrücke und Fragen.
2. Tauschen Sie sich nach der Lektüre des Dramas mit Ihren Mitschülern über Ihre Eindrücke und Ansichten aus.

NAME:

DATUM / KURS:

Textverständnis evaluieren

I. Fragen zum Inhalt des Dramas

1.	Über welchen Zeitraum erstreckt sich die Dramenhandlung?
2.	Warum verhält sich Danton passiv?
3.	Welche Verbrechen legen Robespierre und St. Just dem einstigen Mitstreiter Danton zur Last?
4.	Worin unterscheiden sich die Dantonisten von den Anhängern Robespierres?
5.	Welche Rolle spielt das Volk?
6.	Welche Funktion kommt den Frauen im Drama zu?
7.	Warum trägt das Stück den Titel „Dantons Tod“?
8.	Welche Rolle spielen Sexualität und Erotik im Stück?

II. Richtig – Falsch? Kreuzen Sie an.

		R	F
1.	Die Dantonisten fordern ein Ende der Revolution.		
2.	Die Menschen auf den Straßen hungern.		
3.	Robespierre ist der Meinung, der Tyrann sei der Feind der Regierung.		
4.	Der volltrunkene Souffleur Simon verprügelt auf offener Straße seine Frau, da die gemeinsame Tochter Schauspielerin werden möchte.		
5.	Danton bedrücken die Erinnerungen an die sogenannten Septembermorde.		
6.	St. Just erhält Buhrufe für seine Rede.		
7.	Julie gibt einem Knaben eine Locke von ihrem Haar mit auf den Weg zu Danton, damit dieser weiß, dass er nicht alleine sterben muss.		
8.	Die Pariser reagieren erschüttert auf das Schicksal Dantons.		

III. Sentenzen

1.	„Es lebe der König!“	S. ...
2.	„Die Revolution ist wie Saturn, sie frisst ihre eignen Kinder.“	S. ...
3.	„Sie vergessen ihren Herrgott über seinen schlechten Kopisten.“	S. ...
4.	„Das Volk ist ein Minotaurus.“	S. ...
5.	„Die Revolution muss aufhören und die Republik muss anfangen.“	S. ...
6.	„Es gibt nur Epicuräer und zwar grobe und feine.“	S. ...
7.	„Das Nichts ist der zu gebärende Weltgott.“	S. ...
8.	„Robespierre will aus der Revolution einen Hörsaal für Moral machen und die Guillotine als Katheder gebrauchen.“	S. ...

1 Überprüfen Sie Ihre Textkenntnis des Dramas. Notieren Sie Ihre Antworten zu I. in wenigen Sätzen.

2 Kreuzen Sie bei II. an, ob die Aussage zutrifft oder nicht.

3 Tragen Sie bei III. die Seite im Klett-Editionenheft ein, auf der die Sentenz zu finden ist.

NAME:
DATUM / KURS:

Die wichtigsten Ereignisse und Begriffe der Französischen Revolution recherchieren

1 Informieren Sie sich über eines der folgenden Themen und bereiten Sie ein Kurzreferat vor. Benutzen Sie dazu als Quellen Geschichtsbücher oder Internetseiten.

2 Legen Sie eine Zeitleiste mit Erläuterungen auf der Grundlage Ihrer Referate an, die Sie im Kursraum aufhängen. Gehen Sie aus von der Zeitleiste im Klett Editionenheft, S. 131 ff.

Ludwig XVI.
Sturm auf die Bastille
Verfassung von 1791
Freiheit, Gleichheit, Brüderlichkeit
Nationalversammlung
Nationalkonvent
Revolutionstribunal
Wohlfahrtsausschuss
Sicherheitsausschuss
Jakobinerclub
Sansculotten
August 1792 Sturm auf die Tuilerien
September 1792 Proklamation der Republik
1792 Kriegserklärung an Österreich
Schreckensherrschaft
Septembermorde
Januar 1793 Hinrichtung des Königs
September 1793 Gesetz über die Verdächtigen
Hébert und die „Ultras“
Terror und Tugend
Aufstände in der Vendée
„Friede den Hütten, Krieg den Palästen“

NAME:
DATUM / KURS:

Ereignisse und Stationen der Französischen Revolution anhand eines Sachtextes vertiefen

Claus Schlegel: Ereignisse der Französischen Revolution bis 1794 (2013)

Die Einberufung der Generalstände am 5. Mai 1789 war unvermeidlich, da Frankreich seine Schuldenkrise in den Griff bekommen musste. Aufgrund von Meinungsverschiedenheiten bezüglich des Abstimmungsmodus' kam es unerwartet zum ersten umwälzenden Beschluss der Revolution: der Erklärung des Dritten Standes zur Nationalversammlung, die alleine berechtigt sei, die Nation zu repräsentieren. Als König Ludwig XVI. die entschlossenen Vertreter mit Gewalt davon abzuhalten versuchte, vor allem, da auch einige Vertreter der ersten beiden Stände abtrünnig zu werden drohten, schworen sie sich feierlich, nicht auseinanderzugehen, bis in Frankreich eine Verfassung verabschiedet sei (sog. Ballhausschwur).

Dem König war damit der entscheidende Einfluss entzogen. Einige Wochen später gelang der Nationalversammlung die Aufhebung ständischer Privilegien und die *Erklärung der Menschen- und Bürgerrechte* nach amerikanischem Vorbild. Dieses Dokument hat bis heute welthistorische Bedeutung, da es die Philosophie der Aufklärung in vielen Punkten praktisch umsetzt (weitgehende Gleichheit, Freiheitsrechte, Sicherheit usw.) und das moderne Menschenbild zum Ausdruck bringt.

Im September 1791 erhielt Frankreich schließlich seine erste Verfassung, die auf die Prinzipien der Volkssouveränität und Gewaltenteilung gestellt war. Der König behielt als Exekutive den Oberbefehl über die Armee und erhielt ein aufschiebendes Veto gegenüber den Gesetzesvorlagen der Nationalversammlung. Dem Inhalt, wenn auch nicht dem Verfassungstext nach, beruhte das neue Staatswesen auf den Prinzipien der Freiheit, Gleichheit und Brüderlichkeit.

Die Nationalversammlung hatte damit binnen zweier Jahre die Grundlagen für einen modernen Rechtsstaat gelegt. Diese liberale Phase konnte die Revolution jedoch nicht beenden, da sie nicht alle Schichten erreichte. Die Bauern blieben unzufrieden, da sie die Aufhebung der Feudallasten nicht entschädigungslos und nur unvollständig erhalten hatten. Und die städtischen Mittel- und Unterschichten erwiesen sich als stets gewaltbereit, nicht nur am 14. Juli 1789 beim sog. Sturm auf die Bastille, um an Waffen und Munition zu kommen, sondern auch im Oktober, um den König nach Paris zu zwingen. Hintergrund waren die andauernde Brotknappheit und die hohe Arbeitslosigkeit, die auch in den folgenden Jahren nicht nennenswert beseitigt werden konnten.

Zu den Sprechern und radikalen politischen Führern der städtischen Massen wurden der Jurist Georges Danton, der Anwalt und Journalist Camille Desmoulins, der Arzt Jean Paul Marat und nicht zuletzt der Anwalt Maximilien de Robespierre, der mit Desmoulins am selben Pariser Collège studiert hatte. Sie waren letztlich an der Destabilisierung und Radikalisierung der Revolution maßgeblich beteiligt, indem sie der Unzufriedenheit der Pariser eine Stimme gaben und sich gegen die bisherigen Eliten durchsetzten. Es waren dabei vor allem zwei Faktoren, die hauptsächlich zu einer Radikalisierung beitrugen: Zum einen die unentschlossene und feindliche Haltung des Königs, der nach einem missglückten Fluchtversuch des versuchten Komplotts mit den europäischen Monarchen verdächtigt wurde und immer deutlicher zum Ziel des Spotts und der Wut der Pariser wurde. Zum anderen hatte die Kriegserklärung Frankreichs an Österreich vom April 1792 die Nation gespalten. Während sich die Gemäßigten von ihr eine Stabilisierung der inneren Ordnung erhofften, strebten die Radikalen eine Ausbreitung der Revolution auf ganz Europa an. Ludwig XVI. wiederum erwartete insgeheim eine Niederlage der französischen Truppen und eine Restauration der alten Ordnung mit Hilfe des monarchischen Auslands.

Die Pariser Massen reagierten auf die zunächst übermächtig erscheinenden Koalitionstruppen, die Frankreich von außen bedrohten, mit innenpolitischen Aktionen, die gegen den König und seine Familie gerichtet waren, aber auch gegen alle vermeintlich monarchisch Gesinnten. Am 10. August 1792 wurde die königliche Familie gefangen genommen und Frankreich in eine Republik umgewandelt. Über tausend Insassen der überfüllten Pariser Gefängnisse wurden in einem panikartigen Übergriff im September 1792 – Danton war zu der Zeit Justizminister – auf brutale Weise gelyncht. Und am 17. Januar 1793 wurde Ludwig XVI. verurteilt und hingerichtet.

An die Stelle der Nationalversammlung rückte der *Nationalkonvent*, in dem sich die neuen Kräfteverhältnisse auch aufgrund eines modifizierten Wahlrechts deutlich zugunsten der radikalen Jakobiner verschoben, die unter der Führung von Maximilien de Robespierre eine Art Kriegsdiktatur errichteten. Unter dem Eindruck der bedrängten Lage wurden mehrere Sonderausschüsse eingerichtet, die nicht nur die Verfassung und damit die Gewaltenteilung aufhoben, sondern auch zu rivalisierenden Kompetenzstreitigkeiten beitrugen, die letzt-

NAME:
DATUM / KURS:

endlich auch zur Hinrichtung derjenigen führten, die die Revolution erfolgreich auf den Weg gebracht hatten.

So wurde auf eindringlichen Appell Dantons im März 1793 das *Revolutionstribunal* geschaffen, das immer mehr zu einer Art Schnellgericht ohne Berufung zur Verfolgung und Verurteilung aller Verbrechen gegen die Freiheit, Gleichheit und Einheit der Republik sowie der Sicherheit des Staates wurde. Der *Sicherheitsausschuss*, seit Oktober 1792 zuständig für Fragen der inneren Sicherheit, entwickelte sich zur politischen Polizei und der im April 1793 als Exekutivorgan eingesetzte *Wohlfahrtausschuss* übernahm zunächst unter dem Vorsitz von Danton, dann unter Robespierre die Rolle einer provisorischen Revolutionsregierung.

Der von Büchners Quellen als leidenschaftlicher Volkstribun gezeichnete Danton war Begründer der Revolutionsarmee, Hauptverantwortlicher der Septembermorde und nach dem Sturz der Monarchie Justizminister. Als Gegner des Staatsterrors der Jakobiner zog er sich Ende 1793 aus dem politischen Leben zurück, kehrte aber wegen einer Korruptionsaffäre zurück und wurde zum Hoffnungsträger der liberalen Opposition. Dabei richtete er sich gegen die Terrorherrschaft des Konvents und die Radikalisierung der Jakobiner, die ihre Legitimität vor allem aus der Bedrohung von außen, der gegenrevolutionären Aufstände in der Vendée, einer durch den Krieg zunehmenden Wirtschaftskrise und des Drucks der Pariser Kommune (Sansculottentum) bezogen. Diese Gegnerschaft richtete sich nicht zuletzt gegen den einst Verbündeten Robespierre, den er für ideologisch engherzig und asketisch weltfremd hielt. Robespierre, so behauptete der korpulente Lebemann, könne nicht einmal ein Ei kochen. Und er verspottete den Robespierreischen Tugendbegriff, indem er erklärte, keine Tugend sei wichtiger als jene, die er jede Nacht seiner Frau bezeuge.

Am 21. März kam es zur letzten Unterredung zwischen Danton und Robespierre. Neun Tage später wurden die Abgeordneten Danton, Desmoulins, Phillippeaux, Lacroix u. a. nachts nach einem Beschluss des Wohlfahrts- und des Sicherheitsausschusses verhaftet. Der Antrag auf Anhörung der Verhafteten wurde abgewiesen; im Konvent fand die Anklageerhebung statt. Am 2. April wurde der Dantonisten-Prozess eröffnet. Nach einer Aufsehen erregenden Vernehmung Dantons wurde einen Tag später eine angebliche Revolte der Dantonisten aufgedeckt, mit der Folge, dass der Prozess verkürzt wurde und bereits am 5. April die Verurteilung erfolgte.

Mit der Hinrichtung der jakobinischen Konkurrenten Jacques-René Hébert (24. März 1794) und Georges Danton (5. April 1794) errichtete Robespierre seine eigentliche Diktatur und das Terrorregime erreichte seinen Höhepunkt.

Doch nur weniger als vier Monate später schmiedeten aus Furcht vor der eigenen Verhaftung Mitglieder des Wohlfahrtausschusses ein Komplott gegen Robespierre, nahmen ihn fest und guillotinierten ihn mit 21 seiner Anhänger am 28. Juli 1794.

Der Krieg, als Verteidigungskrieg begonnen, weitete sich zum ideologischen Befreiungskrieg aus („Friede den Hütten, Krieg den Palästen"), um schließlich in einen nationalen Eroberungskrieg umzuschlagen, der spätestens mit Napoleon für die Machtausdehnung Frankreichs in Europa geführt wurde.

1 Büchner hat als Zeitraum für sein Geschichtsdrama allein die letzte Woche vor der Hinrichtung Dantons und seiner Anhänger gewählt. – Aus welchen Gründen könnte die gewaltsame Zeit des Terrors für einen Dramatiker ergiebiger sein als die Zeit des erfolgreichen Anfangs der Französischen Revolution? Stellen Sie Hypothesen auf.

2 Welchen künstlerischen Reiz bieten die Gegenspieler Danton und Robespierre?

3 Überlegen Sie, aus welchen Gründen Büchner Danton als Hauptfigur gewählt hat.

NAME:

DATUM / KURS:

Die Septembermorde – eine historische Quelle auswerten

Für seine Arbeit an „Dantons Tod" hat Büchner auf zeitgenössische Geschichtsdarstellungen zurückgegriffen. Die „Geschichte der Französischen Revolution" in zehn Bänden (1823–1827) von Thiers war dabei eine seiner wichtigsten Quellen. (Hier die Übersetzung von 1838.)

Louis-Adolphe Thiers: Die Geschichte der französischen Revolution (1838)

Die ganze Stadt war auf den Beinen. Ein tiefer Schrecken herrschte in den Gefängnissen. Im Tempel fragte die königliche Familie, welche jede Bewegung mehr als alle übrige Gefangene bedrohen musste, mit Ängstlichkeit nach der Ursache dieser großen Aufregung. Die Kerkermeister der verschiedenen Gefängnisse schienen bestürzt. [...] Das Mittagessen war den Gefangenen zwei Stunden früher als gewöhnlich gebracht, alle Messer waren von ihren Couverts weggenommen worden. Über alle diese Umstände betreten, hatten sie die Kerkermeister ängstlich auszuforschen gesucht, aber nirgends Antwort erhalten.

Es befanden sich auf dem Stadthause vierundzwanzig Priester, welche wegen verweigerter Eidesleistung verhaftet worden, und jetzt aus dem allgemeinen Verhaftsaale nach der Abtei gebracht werden sollten. Sei es aus Absicht oder Zufall, man wählte gerade diesen Augenblick zu ihrer Transportierung. Sie wurden in sechs Fiacres gesetzt und ... abgeführt. Man umdrängte sie und bedeckte sie mit Schwächungen. „Das sind", sagten die Föderierten, „die Verschwörer, welche unsere Frauen und Kinder umbringen wollen, während wir an der Grenze stehen." Diese Worte vermehrten noch den Tumult. Die Fenster der Wagen waren niedergelassen, doch als die unglücklichen Priester sie schließen wollten, um sich gegen Misshandlungen zu sichern, verhinderte man sie daran und zwang sie, geduldig die Stöße und Misshandlungen des Pöbels hinzunehmen.

Endlich gelangten sie in den Hof der Abtei, wo schon eine unzählige Menge versammelt war. Der erste Wagen ... wurde alsbald von der wütenden Volksmenge umringt. ... Der Schlag öffnet sich; der erste der Gefangenen steigt aus, um in den Saal zu gehen, und wird sogleich mit tausend Stichen durchbohrt; der Zweite schlüpft in den Wagen zurück, wird aber mit Gewalt herausgerissen und wie der Erste niedergemacht. Jetzt kommen die beiden Übrigen an die Reihe, [...] und die 21 Priester werden unter dem Geheule des wütenden Pöbels bis auf den letzten Mann ermordet. [...] In diesem Augenblicke eilt Billaud-Varennes, Mitglied des Gemeinderates, herbei, [...] mit seiner Schärpe bekleidet, watet durch Blut und über Leichen und feuert noch die Mörder mit den Worten an: „Volk, du opferst deine Feinde, du erfüllst deine Pflicht."

Seine Bande folgt ihm, und sie stürzen allesamt auf die Karmeliter-Kirche, wo zweihundert Priester eingeschlossen waren. Sie dringen in die Kirche und ermorden die unglücklichen Priester, welche den Himmel anrufen und sich bei dem Herannahen des Todes umschlungen halten. Sie fragen mit lautem Geschrei nach dem Erzbischofe von Arles, suchen ihn, erkennen ihn endlich und spalten ihm mit einem Säbelhiebe die Hirnschale.

[...] Das Morden dauerte die ganze grässliche Nacht hindurch. Die Mörder lösen sich in der Vorhalle und am Tische ab, und sind der Reihe nach bald Richter, bald Henker. Zu gleicher Zeit trinken sie und stellen dabei die mit Blut bedeckten Gläser auf den Tisch. Der ehrwürdige Sombreuil, Gouverneur der Invaliden, wird ebenfalls vorgeführt und zur Force verurteilt. Seine Tochter hat ihn aus dem Gefängnisse heraus erkannt, stürzt sich mitten durch die Lanzen und Säbel hindurch, umfängt ihren Vater mit ihren Armen, klammert sich mit so viel Kraft an ihn und beschwört die Henker mit soviel Tränen und so herzzerreißender Stimme, dass ihre Wut sich wie überrascht einen Augenblick legt. Hierauf, um gleichsam dies kindliche Gefühl, das sie rührt, noch auf eine neue Probe zu stellen: „Trink" – sagen sie zu dem edlen Mädchen – „trink Aristokraten-Blut", und reichen ihr ein mit Blut gefülltes Gefäß: Sie trinkt und ihr Vater ist gerettet.

Aus: Louis-Adolphe Thiers: Die Geschichte der Französischen Revolution, Leipzig 1838, S. 302 ff.

1 Fassen Sie den Text zusammen und ordnen Sie ihn in den historischen Kontext ein. Erste Hinweise finden Sie im Klett Editionenheft, S. 132 f.

2 Die beschriebenen Ereignisse spielen eine zentrale Rolle im Drama „Dantons Tod". Erläutern Sie den Zusammenhang.

3 Deuten Sie die Aussage: „Volk, du opferst deine Feinde, du erfüllst deine Pflicht!"

NAME:

DATUM / KURS:

Historische Vorbilder der Dramenfiguren kennenlernen

Georges Jacques Danton (1759–1794)
[Interfoto (Sammiung Rauch), München]

Louis-Philippe Legendre (1752–1797)
[Ullstein Bild GmbH (Photo 12/Fondation Napoléon), Berlin]

Camille Desmoulins (1760–1794)
[akg images (Collection Dupondt), Berlin]

Marie-Jean Hérault de Séchelles (1759–1794)
[Interfoto (Sammlung Rauch), München]

Jean-François Delacroix (1753–1794)
(gemeinfrei)

Pierre-Nicolas Philippeaux (1756–1794)
(gemeinfrei)

1 Recherchieren Sie Näheres zu den abgebildeten historischen Personen. Arbeiten Sie in Gruppen. Beziehen Sie auch die Informationen im Klett Editionenheft auf S. 137 f. mit ein.

2 Geben Sie den Angeklagten ein Gesicht. Lassen Sie sie vor dem Volk (= Kurs) auftreten und eine selbstbewusste Verteidigungsrede halten. Gehen Sie dabei auf Alter, Herkunft, Ausbildung, Beruf und Verdienste seit Revolutionsbeginn 1789 ein.

NAME:
DATUM / KURS:

Die Haltung der deutschen Schriftsteller zur Französischen Revolution erarbeiten

Adolph Freiherr von Knigge schreibt in einem Brief an seine Tochter vom 15. Juli 1790 von einer Jahresfeier zu Ehren der französischen Revolution in Hamburg u. a.:

Klopstock las zwei neue Oden. Bei Abfeuerung der Kanonen, Musik und lautem Jubel wurden Gesundheiten getrunken, unter anderen: auf baldige Nachfolge in Deutschland, Abschaffung des Despotismus usw.

Eine der beiden Oden Friedrich Klopstocks trägt den Titel „Kennet euch selbst“ [Auszug]:

Frankreich schuf sich frey. Des Jahrhunderts edelste That hub
Da sich zu dem Olympus empor.
Bist du so eng begränzt, dass du sie verkennest, umschwebet
Diese Dämmerung dir noch den Blick,
Diese Nacht: so durchwandre die Weltannalen, und finde
Etwas darin, das ihr ferne nur gleicht,
Wenn du kanst. O Schicksal! das sind sie also, das sind sie
Unsere Brüder die Franken; und wir?
Ach ich frag’ umsonst; ihr verstummet, Deutsche! Was zeiget
Euer Schweigen? bejahrter Geduld
Müden Kummer? oder verkündet es nahe Verwandlung?

Aus: Aus einer alten Kiste. Originalbriefe, Handschriften und Dokumente aus dem Nachlasse eines bekannten Mannes, Leipzig 1853, S. 220f./Aus: Klopstocks sämtliche Werke, Leipzig: Göschen 1854/55, Bd. IV, S. 313

Joachim Heinrich Campe schreibt am 26. August 1789 aus Paris:

Je länger ich hier bin, je aufmerksamer ich die Knospen, die Blüten und die Früchte der jungen französischen Freiheit betrachte [...]: desto inniger und fester wird meine Überzeugung, dass diese französische Staatsumwälzung die größte und allgemeinste Wohltat ist, welche die Vorsehung, seit Luthers Glaubensverbesserung, der Menschheit zugewandt hat [...] Hier ist nun zum ersten Mal eine Revolution, die in jeder Betrachtung unter glücklicheren Vorbedeutungen angefangen ward [...] Hier ist ein Volk, so aufgeklärt, so edel und mild, als es je eins gegeben hat [...] Wir werden zum ersten Mal ein großes Reich sehen, worin das Eigentum eines jeden heilig, die Person eines jeden unverletzlich, die Gedanken zollfrei [...].

Aus: Joachim Heinrich Campe: Briefe aus Paris zur Zeit der Revolution, Braunschweig 1790, S. 324ff.

Auszug aus August von Kotzebues Komödie „Der weibliche Jakobiner-Club“ von 1791 (Anfang 14. Szene):

DER MARQUIS *(allein)* Beinahe kommt mir unsere ganze Revolution vor wie ein Fastnachtsspiel. Die Freiheit hat eine große Fastnachtsbude aufgeschlagen; ein jeder kauft von ihren Larven und verbirgt seine Leidenschaften dahinter. Die gesunde Vernunft allein geht ohne Larve herum und wird ausgepfiffen. Der Eigennutz spielt auf zum Tanze, die Leidenschaften walzen atemlos und werfen alles um, was ihnen im Wege steht. [...] Die Gerechtigkeit liegt hinter der Tür und schnarcht. Die guten Sitten haben Schellenkappen aufgesetzt, und die Anarchie, als Göttin Freiheit verlarvt, trägt die öffentliche Glückseligkeit zu Grabe.

Aus: August von Kotzebue: Der weibliche Jacobiner-Club. Ein politisches Lustspiel in einem Aufzug, Leipzig 1792, S. 52f.

Friedrich Schlegel widmet in seinen „Athenäumsfragmenten“ von 1798 einige Aphorismen der französischen Revolution. Das berühmteste lautet:

(216) Die Französische Revolution, Fichtes Wissenschaftslehre und Goethes Meister sind die größten Tendenzen des Zeitalters. Wer an dieser Zusammenstellung Anstoß nimmt, wem keine Revolution wichtig scheinen kann, die nicht laut und materiell ist, der hat sich noch nicht auf den hohen weiten Standpunkt der Geschichte der Menschheit erhoben.

Aus: Friedrich Schlegel: Seine prosaischen Jugendschriften, hrsg. von J. Minor, Wien 1882, Bd. II, S. 236

NAME:

DATUM / KURS:

Friedrich Schiller: Brief an den Herzog Friedrich Christian von Augustenburg

Jena, den 13. Juli 1793

[...] Der Versuch des französischen Volks, sich in seine heiligen Menschenrechte einzusetzen und eine politische Freiheit zu erringen, hat bloß das Unvermögen und die Unwürdigkeit desselben an den Tag gebracht, und nicht nur dieses unglückliche Volk, sondern mit ihm auch einen beträchtlichen Theil Europens, und ein ganzes Jahrhundert, in Barbarey und Knechtschaft zurückgeschleudert. Der Moment war der günstigste, aber er fand eine verderbte Generation, die ihn nicht werth war, und weder zu würdigen noch zu benutzen wusste. Der Gebrauch, den sie von diesem großen Geschenk des Zufalls macht und gemacht hat, beweist unwidersprechlich, dass das Menschengeschlecht der vormundschaftlichen Gewalt noch nicht entwachsen ist, dass das liberale Regiment der Vernunft da noch zu frühe kommt, wo man kaum damit fertig wird, sich der brutalen Gewalt der Thierheit zu erwehren, und dass derjenige noch nicht reif ist zur bürgerlichen Freiheit, dem noch so vieles zur menschlichen fehlt. [...]

In den niedern Klassen sehen wir nichts als rohe gesetzlose Triebe, die sich nach aufgehobenem Band der bürgerlichen Ordnung entfesseln, und mit unlenksamer Wuth ihrer thierischen Befriedigung zueilen. Es war also nicht der moralische Widerstand von innen, bloß die Zwangsgewalt von außen, was bisher ihren Ausbruch zurückhielt. Es waren also nicht freye Menschen, die der Staat unterdrückt hatte, nein, es waren bloß wilde Thiere, die er an heilsame Ketten legte. Hätte der Staat die Menschheit wirklich unterdrückt, wie man ihm Schuld giebt, so müsste man Menschheit sehen, nachdem er zertrümmert worden ist. Aber der Nachlass der äußern Unterdrückung macht nur die innere sichtbar, und der wilde Despotismus der Triebe heckt alle jene Unthaten aus, die uns in gleichem Grad anekeln und schaudern machen.

Auf der andern Seite geben uns die civilisierten Klassen den noch widrigeren Anblick der Erschlaffung, der Geistesschwäche, und einer Versunkenheit des Karakters, die um so empörender ist, je mehr die Kultur selbst daran Theil hat. Ich erinnere mich nicht mehr, welcher alte oder neue Philosoph die Bemerkung machte, dass das Edlere in seiner Verderbnis das Abscheulichere sey, aber die Erfahrung bestätigt sie auch hier. Wenn die Kultur ausartet, so geht sie in eine weit bösartigere Verderbniß über, als die Barbarey je erfahren kann. Der sinnliche Mensch kann nicht tiefer als zum Thier herabstürzen; fällt aber der aufgeklärte, so fällt er bis zum Teuflischen herab, und treibt ein ruchloses Spiel mit dem Heiligsten der Menschheit.

Die Aufklärung, deren sich die höheren Stände unsers Zeitalters nicht mit Unrecht rühmen, ist bloß theoretische Kultur, und zeigt, im ganzen genommen, so wenig einen veredelnden Einfluss auf die Gesinnung, dass sie vielmehr bloß dazu hilft, die Verderbnis in ein System zu bringen, und unheilbarer zu machen. Ein raffinierter und consequenter Epikurism hat angefangen, alle Energie des Karakters zu ersticken, und die immer fester sich zuschnürende Fessel der Bedürfnisse, die vermehrte Abhängigkeit der Menschheit vom physischen hat es allmählich dahin geleitet, dass die Maxime der Passivität und des leidenden Gehorsams als höchste Lebensregel gilt. Daher die Beschränktheit im Denken, die Kraftlosigkeit im Handeln, die klägliche Mittelmäßigkeit im Hervorbringen, die unser Zeitalter zu seiner Schande karakterisiert. Und so sehen wir den Geist der Zeit zwischen Barbarey und Schlaffheit, Freygeisterey und Aberglauben, Rohheit und Verzärtelung schwanken, und es ist bloß das Gleichgewicht der Laster, was das Ganze noch zusammenhält.

Aus: Schillers Briefe. Kritische Gesamtausgabe, hrsg. von F. Jonas, Stuttgart [1892–1896], Bd. III, S. 335ff.

1 Informieren Sie sich kurz über Bedeutung und Leben der Autoren, die Ihnen unbekannt sind.

2 Klären Sie die jeweilige Einstellung der Autoren zur Französischen Revolution.

3 Nennen Sie Gemeinsamkeiten und Unterschiede der verschiedenen Auffassungen. Erläutern Sie die Einstellungen vor dem Hintergrund der realen Ereignisse.

4 Lesen Sie den Schiller-Brief noch einmal gründlich. Erläutern Sie das Menschenbild, das Schiller aufgrund der Ereignisse der Französischen Revolution entwickelt hat.

5 Nennen Sie die Gründe, die Schiller für die in seinen Augen „barbarische“ Entwicklung der Französischen Revolution anführt.

6 Diskutieren Sie Schillers Standpunkt.

NAME:

DATUM / KURS:

Der Fatalismusbrief – Georg Büchners Einstellung zur Revolution klären

Georg Büchner, nur 19 Jahre nach dem Ende der Schreckensherrschaft geboren, beschäftigte sich schon während seiner Schulzeit am Gymnasium in Darmstadt mit der Französischen Revolution. Bereits in diesen jungen Jahren lässt er in seiner Rede über den „Helden-Tod der 400 Pforzheimer“ und in seiner Rezension „Über den Selbstmord“ Interesse an Themen wie Heldentum und Tod erkennen. Diese Themen spielen in abgewandelter und reifer Form auch in „Dantons Tod“ eine zentrale Rolle.

Büchners Vater, ein Zeitgenosse der Französischen Revolution, hatte in der historischen Zeitschrift „Unsere Zeit“ über seine Erlebnisse geschrieben und las aus dem Werk im Kreis der Familie vor. Büchner verfügte daher schon früh über zahlreiche Detailkenntnisse zur Revolution.

Seitdem scheint er sich bis zur Niederschrift des Danton-Dramas immer wieder intensiv mit den Ereignissen beschäftigt zu haben, wovon nicht zuletzt ein sehr aufgewühlter Brief vom März 1834 an seine Verlobte Wilhelmine Jaeglé zeugt.

1 Lesen Sie den Brief Büchners vom März 1834 auf S. 91 f. der Klett Editionen mit Materialien.
Fassen Sie Büchners Erkenntnisse über die Revolutionsgeschichte in eigenen Worten zusammen.

2 Erläutern Sie Büchners Stimmung vor dem Hintergrund dessen, was Sie bislang über die Französische Revolution erfahren haben.

3 Lesen Sie Friedrich Schlegels Anmerkung zur Französischen Revolution und vergleichen Sie seine Aussagen mit den Ausführungen Büchners.

Friedrich Schlegel: Athenäumsfragment 424 (1798)

Man kann die Französische Revolution als das größte und merkwürdigste Phänomen der Staatengeschichte betrachten, als ein fast universelles Erdbeben, eine unermessliche Überschwemmung in der politischen Welt; oder als ein Urbild der Revolutionen, als die Revolution schlechthin. Das sind die gewöhnlichen Gesichtspunkte. Man kann sie aber auch betrachten als den Mittelpunkt und den Gipfel des französischen Nationalcharakters, wo alle Paradoxien desselben zusammengedrängt sind; als die furchtbarste Groteske des Zeitalters, wo die tiefsinnigsten Vorurteile und die gewaltsamsten Ahndungen desselben in ein grauses Chaos gemischt, zu einer ungeheuren Tragikomödie der Menschheit so bizarr als möglich verwebt sind. Zur Ausführung dieser historischen Ansichten findet man nur noch einzelne Züge.

Aus: Friedrich Schlegel: Seine prosaischen Jugendschriften, hrsg. von J. Minor, Wien 1882, Bd. II, S. 281

NAME:
DATUM / KURS:

Der Hessische Landbote – Georg Büchners politisches Engagement erschließen

Der Hessische Landbote.

Erste Botschaft.

Darmstadt, im Juli 1834.

Vorbericht.

Dieses Blatt soll dem hessischen Lande die Wahrheit melden, aber wer die Wahrheit sagt, wird gehenkt, ja sogar der, welcher die Wahrheit liest, wird durch meineidige Richter vielleicht ge[illegible]aft. Darum haben die, welchen dies Blatt zukommt, folgendes zu beobachten:

1) Sie müssen das Blatt sorgfältig außerhalb ihres Hauses vorder Polizei verwahren;
2) sie dürfen es nur an treue Freunde mittheilen;
3) denen, welchen sie nicht trauen, wie sich selbst, dürfen sie es nur heimlich hinlegen;
4) würde das Blatt dennoch bei Einem gefunden, der es gelesen hat, so muß er gestehen, daß er es eben dem Kreisrath habe bringen wollen;
5) wer das Blatt nicht gelesen hat, wenn man es bei ihm findet, der ist natürlich ohne Schuld.

Friede den Hütten! Krieg den Pallästen!

[Ullstein Bild GmbH (histopics), Berlin]

1 Klären Sie die Lebensumstände Büchners während der Abfassung des Danton-Dramas (vgl. Klett-Editionenheft, S. 106 f. und 139 f.).

2 Informieren Sie sich über Büchners engagiertes Eingreifen in die Tagespolitik anhand des Berichts über die revolutionären Umtriebe in Hessen 1832–1835 (vgl. Klett Editionenheft, S. 86 und Zeittafel ebd., S. 139 ff.)

3 Lesen Sie den Auszug aus dem „Hessischen Landboten" (vgl. Klett Editionenheft, S. 87 ff.), teilen Sie den Text auf vier Gruppen auf und führen Sie die unten stehende Tabelle fort. Ordnen Sie dabei den Ausführungen Büchners geschichtliche Daten zu. Verwenden Sie dazu ein Geschichtsbuch oder recherchieren Sie im Internet.

Belegen Sie, an welchen Stellen Büchner den Verlauf der Geschichte subjektiv bewertet.

Präsentieren Sie Ihre Ergebnisse auf Folie.

4 Erörtern Sie, wie sich Büchners politisches Engagement auf der einen und sein Fatalismusbrief auf der anderen Seite in Einklang bringen lassen.

Hessischer Landbote	Geschichte	Subjektive Bewertung Büchners
„1789 war das Volk in Frankreich müde", Z. 17 f.	Hungersnot, hohe Brotpreise, Privilegien des 1. und 2. Standes, teure Hofhaltung (Versailles), Kriege Ludwigs XVI.	Das Volk = Schindmähre seines Königs, Z. 18
„Es erhob sich", Z. 18	Sturm auf die Bastille 14. Juli 1789	
„Männer traten zusammen", Z. 19	Ballhausschwur, Nationalversammlung in Versailles, um eine Verfassung auszuarbeiten	
„Ein König sei ein Mensch wie ein anderer auch", Z. 20 f.	Erklärung der Menschenrechte und Verfassung von 1791 (konstitutionelle Monarchie)	
„Der König schwur dieser Verfassung treu zu sein", Z. 33 f.		
„[König] wurde aber meineidig", Z. 34		
„Das Volk richtete ihn", Z. 35		

NAME:

DATUM / KURS:

Der Hessische Landbote – Argumentationsstrategie und Sprache untersuchen

Georg Büchner: Der Hessische Landbote

Im Jahr 1834 siehet es aus, als würde die Bibel Lügen gestraft. Es sieht aus, als hätte Gott die Bauern und Handwerker am 5ten Tage, und die Fürsten und Vornehmen am 6ten gemacht, und als hätte der Herr zu diesen gesagt: Herrschet über alles Getier, das auf Erden kriecht, und hätte die Bauern und Bürger zum Gewürm gezählt. Das Leben der Vornehmen ist ein langer Sonntag, sie wohnen in schönen Häusern, sie tragen zierliche Kleider, sie haben feiste Gesichter und reden eine eigne Sprache; das Volk aber liegt vor ihnen wie Dünger auf dem Acker. Der Bauer geht hinter dem Pflug und treibt ihn mit den Ochsen am Pflug, er nimmt das Korn und läßt ihm die Stoppeln. Das Leben des Bauern ist ein langer Werktag; Fremde verzehren seine Äcker vor seinen Augen, sein Leib ist eine Schwiele, sein Schweiß ist das Salz auf dem Tische des Vornehmen.

Im Großherzogtum Hessen sind 718,373 Einwohner, die geben an den Staat jährlich an 6,363,364 Gulden, als

1) Direkte Steuern	2,128,131 fl.
2) Indirekte Steuern	2,478,264 fl.
3) Domänen	1,547,394 fl.
4) Regalien	46,938 fl.
5) Geldstrafen	98,511 fl.
6) Verschiedene Quellen	64,198 fl.
Gesamt	6,363,363 fl.

Dies Geld ist der Blutzehnte, der von dem Leib des Volkes genommen wird. An 700,000 Menschen schwitzen, stöhnen und hungern dafür. Im Namen des Staates wird es erpresst, die Presser berufen sich auf die Regierung und die Regierung sagt, das sei nötig die Ordnung im Staat zu erhalten. Was ist denn nun das für gewaltiges Ding: der Staat? Wohnt eine Anzahl Menschen in einem Land und es sind Verordnungen oder Gesetze vorhanden, nach denen jeder sich richten muss, so sagt man, sie bilden einen Staat. Der Staat also sind *Alle;* die Ordner im Staat sind die Gesetze, durch welche das Wohl *Aller* gesichert wird, und die aus dem Wohl *Aller* hervor gehen sollen. – Seht nun, was man in dem Großherzogtum aus dem Staat gemacht hat; seht was es heißt: die Ordnung im Staate erhalten! 700,000 Menschen bezahlen dafür 6 Millionen, d. h. sie werden zu Ackergäulen und Pflugstieren gemacht, damit sie in Ordnung leben. In Ordnung leben heißt hungern und geschunden werden.

Wer sind denn die, welche diese Ordnung gemacht haben, und die wachen, diese Ordnung zu erhalten? Das ist die Großherzogliche Regierung. Die Regierung wird gebildet von dem Großherzog und seinen obersten Beamten. Die andern Beamten sind Männer, die von der Regierung berufen werden, um jene Ordnung in Kraft zu erhalten. Ihre Anzahl ist Legion: Staatsräte und Regierungsräte, Landräte und Kreisräte, Geistliche Räte und Schulräte, Finanzräte und Forsträte u.s.w. mit allem ihrem Heer von Sekretären u.s.w. Das Volk ist ihre Herde, sie sind seine Hirten, Melker und Schinder; sie haben die Häute der Bauern an, der Raub der Armen ist in ihrem Hause; die Tränen der Witwen und Waisen sind das Schmalz auf ihren Gesichtern; sie herrschen frei und ermahnen das Volk zur Knechtschaft. Ihnen gebt ihr 6,000,000 fl. Abgaben; sie haben dafür die Mühe, euch zu regieren; d. h. sich von euch füttern zu lassen und euch eure Menschen- und Bürgerrechte zu rauben. Sehet was die Ernte eures Schweißes ist.

Aus: Georg Büchner: Werke und Briefe, hrsg. von Karl Pörnbacher u. a., München: Hanser 1988, S. 40 ff.

1 Fassen Sie in eigenen Worten die revolutionäre Botschaft des Textes zusammen. Beziehen Sie sich dabei auf politische Vorstellungen und Ideale, die sich dem Text entnehmen lassen.

2 Beschreiben Sie die Argumentationsstrategie des Textes.

3 Gehen Sie auf die sprachlichen Eigentümlichkeiten des Textes ein und benennen Sie rhetorische Stilmittel.

NAME:

DATUM / KURS:

Erschließungsaspekte für ein Drama auswählen

Wenn Sie einen Dramentext erschließen und interpretieren wollen, gibt es bewährte Untersuchungsaspekte, die sich für die Analyse als sinnvoll herausgestellt haben.

Dramentext

Aufbau, Strukturelemente	…
Handlung, Konflikt	…
Figurengestaltung	…
Figurenkonstellation	…
Zeit, Zeitgestaltung	…
Raum, Raumgestaltung	…
Sprache, Dialoggestaltung	…
Thema, Stoff, Motive	…

1 Bilden Sie Kleingruppen und tragen Sie zusammen, welche Gesichtspunkte Ihnen zu den angeführten Erschließungsaspekten einfallen.

2 Welche Erschließungsgesichtspunkte halten Sie für das Drama „Dantons Tod“ für besonders sinnvoll?

NAME:

DATUM / KURS:

Die Exposition des Dramas (I,1) exemplarisch analysieren

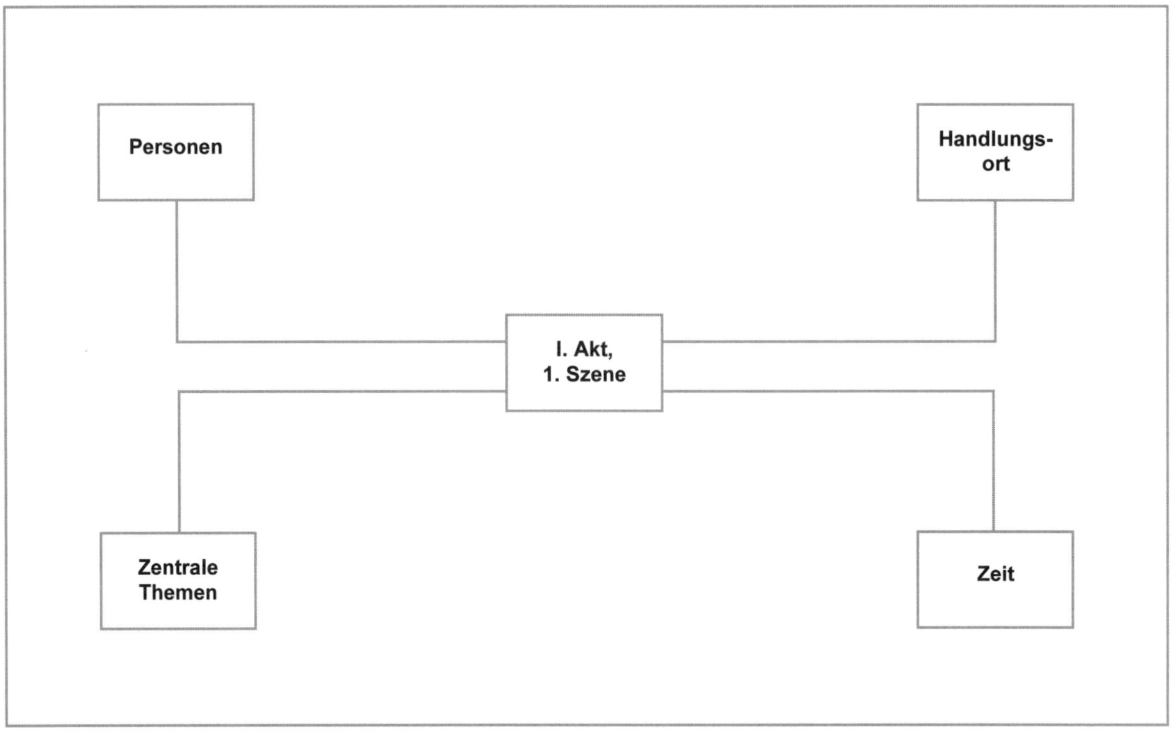

1 Lesen Sie die erste Szene des Dramas im Klett Editionenheft, S. 4 ff.

2 Erstellen Sie eine Concept-Map für die Szene I,1, in der alle Personen, Handlungsort, Zeitpunkt und die zentralen Themen bzw. Konflikte berücksichtigt werden.

3 Klären Sie die Frage, warum das Stück im Palais-Royal beginnt und wofür dieser Ort steht.

4 Fassen Sie zusammen, welche Kriterien einer Exposition die erste Szene erfüllt.

Info

Eine **Concept-Map** ist ein Begriffsnetz, das aus Wörtern besteht, zwischen denen Zusammenhänge in Form von beschrifteten Pfeilen dargestellt werden. Zur Begriffserklärung: Concept = Begriff, Map = Landkarte, Mapping = Gedankenlandkarte erstellen.

Concept Mapping dient dazu, Texte kurz und übersichtlich darzustellen: Man verkürzt den Text auf das Wesentliche und stellt die Zusammenhänge grafisch dar.

Gehen Sie dabei so vor, dass Sie

1. den gesamten Text lesen
2. wichtige Begriffe und Schlüsselwörter markieren bzw. eigene Abstrahierungen finden
3. wichtige Begriffe herausschreiben und auf einem Blatt verteilen
4. Begriffe, zwischen denen für Sie ein wichtiger Zusammenhang besteht, durch Pfeile verbinden
5. Pfeile beschriften.

Eine Concept-Map sieht am Ende aus wie ein Straßennetz aus nicht-hierarchischen Begriffen; im Gegensatz zu einer Mind-Map, die eher hierarchisch aufgebaut ist wie ein Baum mit Ästen und Zweigen.

NAME:

DATUM / KURS:

Danton und Robespierre – einen Dialog analysieren (I,6)

Szene I,6	Danton	Robespierre
Politische Überzeugung		
Tugendbegriff		
Moralische Haltung		
Rechtsauffassung		
Naturbegriff		
Gewissensbegriff		
Kommunikationsverhalten		
Schlüsselbegriffe		
Sprechweise, Rhetorik		

1 Lesen Sie den Dialog zwischen Danton und Robespierre in Szene I,6 (vgl. Klett Editionenheft, S. 23–25) und markieren Sie die wesentlichen Aussagen Dantons und Robespierres. Halten Sie die Unterschiede zwischen den Gesprächspartnern in der Tabelle fest.

2 Üben Sie mit Ihrer Partnerin/Ihrem Partner das Streitgespräch ein. Versuchen Sie, Ihrer Figur eine passende Stimme, Haltung und Mimik zu geben.

3 Analysieren Sie Robespierres psychische Verfassung, nachdem ihn Danton allein gelassen hat (vgl. Klett Editionenheft, S. 25 f.).

4 Vergleichen Sie Robespierres Monolog mit der Szene II,5. Welche Parallelen können Sie erkennen?

NAME:

DATUM / KURS:

Danton und Robespierre – gegensätzliche Figuren vergleichend charakterisieren

Info

Anders als im Roman gibt es im Drama keinen neutralen, auktorialen Standpunkt. Jeder Auftritt einer Figur gibt dem Zuschauer einen Hinweis auf ihren Charakter.

Dabei werden Figuren direkt und/oder indirekt charakterisiert.

Regieanweisungen Aussagen anderer Figuren Eigene Aussagen	Direkte Charakterisierung →	Figur
Sprache, Sprechweise Handeln Mimik, Gestik	Indirekte Charakterisierung →	Figur

1 Machen Sie sich die Möglichkeiten der Charakterisierung im Drama klar. Entwerfen Sie auf der Grundlage der ersten Szene eine Charakterisierung Dantons.

Direkte Charakterisierung:

____

____

Indirekte Charakterisierung:

____

____

NAME:
DATUM / KURS:

2 Finden Sie Belegstellen für folgende Einschätzungen Dantons im Stück.

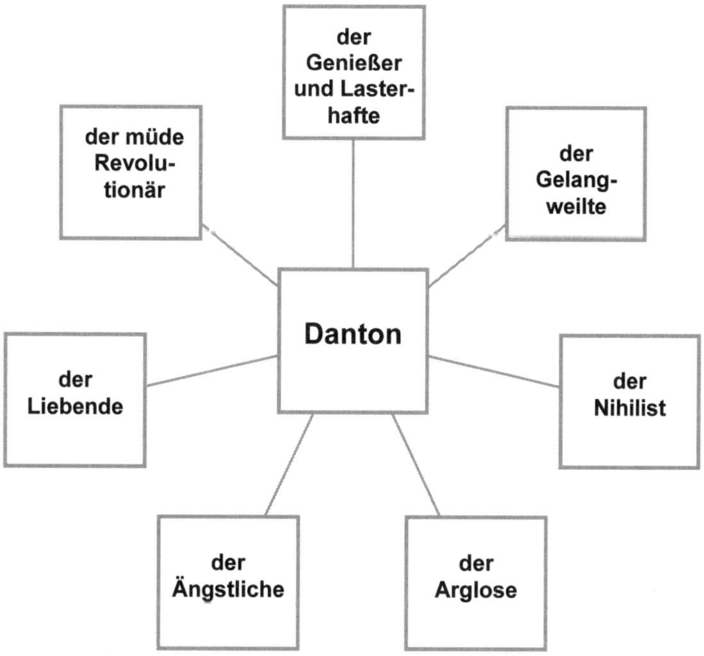

3 Entwerfen Sie eine entsprechende Charakterisierung zu Robespierre und fügen Sie Belegstellen hinzu.

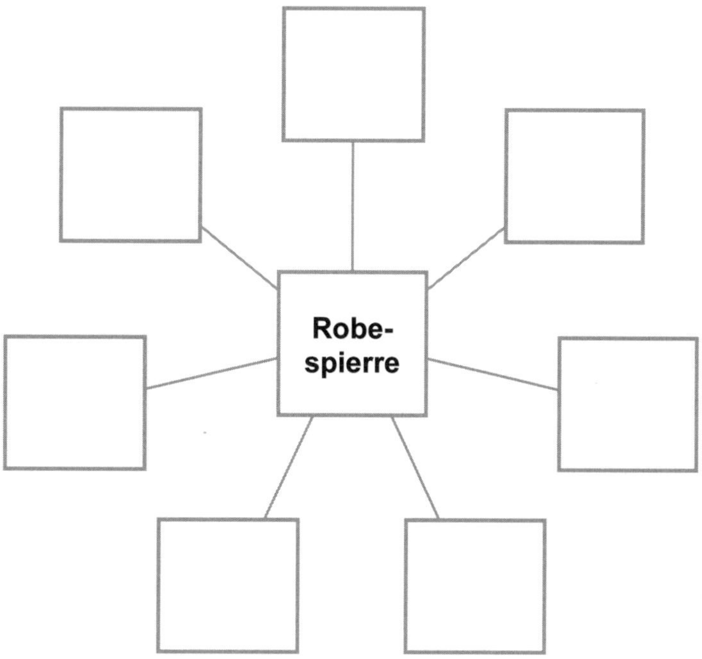

4 Lesen Sie die Charakterisierung Dantons im Klett Editionenheft, S. 84.
Verfassen Sie eine analoge Charakterisierung zu Robespierre.

 ISBN 978-3-12-352480-6

NAME:

DATUM / KURS:

Den historischen mit dem literarischen Danton vergleichen

Hans Mayer: Der historische und der literarische Danton (1959)

Danton ist der Mittelpunkt des Dramas. Sein Schicksal ist seit Beginn entschieden, das ganze Drama ist fünfter Akt, weit mehr noch als *Wallensteins Tod* oder *Maria Stuart*, denn es ist ein Untergang ohne Peripetien, ohne die Möglichkeit einer Änderung des Schicksals der Dantonisten. Das zeigt schon die erste Szene des Dramas. Danton selbst weiß es. „Ich bin eine Reliquie", sagt er, „und Reliquien wirft man auf die Gasse." Nicht dass er durch sein Auftreten noch etwas ändern könnte, wie Desmoulins und seine Freunde es verlangen; selbst wenn er ernsthaft den Kampf gegen Robespierre und St.-Just aufnähme, wäre er von Anfang an verloren. Danton sieht den Sinn solchen Kampfes für seine Auffassungen von der Revolution, ja sogar für sein Leben nicht mehr ein, versteht er doch den Sinn der Revolution selbst nicht mehr. Der Ausruf: „Wir sind sehr einsam", der zu Beginn des ganzen Werkes steht, enthüllt die Einsamkeit dessen, der den Prozess der Revolution als Ganzes überblickt, das Ende sieht, die Unvermeidlichkeit des Scheiterns der Revolution erkannt hat und nun nur noch „das Ende" will. Diese Einsamkeit des Erkennenden unterscheidet den Führer der Dantonisten von seinen Freunden, von all jenen, die im Strom der Ereignisse stehen, getrieben werden, Pläne, Entwürfe, Manifeste machen, nur vom Kampf der feindlichen Fraktionen erfüllt sind – aber nicht das unvermeidliche Ende all dieser Fraktionen, all dieser Taktiken erkennen. Wenn Danton einsam ist, aktionsunfähig und unlustig, wenn er vom sinnlos gewordenen Kampf an die Realität vitalen Genusses appelliert, den Sinn sinnlichen Genießens der Sinnlosigkeit politischer Aktion gegenüberstellt, Möglichkeit und Berechtigung sachlich-politischen, von objektiven Notwendigkeiten getriebenen Handelns gegenüber Robespierre überhaupt ableugnet, nur verschiedene Grade des Epikureismus gelten lässt, so ist hier immer der eine Orgelpunkt vorhanden: das Motiv der Hoffnungslosigkeit politischer Ziele, die isolierende Erkenntnis, dass die Revolution bereits verspielt wurde. [...] Danton ist vielmehr ein Mensch, der erkannt hat, was die kämpfenden Gruppen um ihn her, auch seine eigne, nicht sehen. Das allerdings ist der Punkt, wo von einer Identifizierung Büchners mit seinem Helden gesprochen werden kann. Nicht Dantons Schicksal, das des scheiternden Revolutionärs, war Büchner bedeutsam, verlockte ihn zur Identifizierung, sondern Dantons einsam machende Erkenntnis von Sinnhaftigkeit und Möglichkeit der Revolution überhaupt.

Hier aber scheidet sich der historische Danton von Büchners Helden. Woran scheitert der geschichtliche Danton? An seinem konkreten politisch-taktischen Programm, nicht aber an der Erkenntnis der Sinnlosigkeit aller Revolutionsprogramme. Er hatte ein Programm, hatte seine besonderen Auffassungen über den Weiterverlauf, besser: über die Notwendigkeit einer Stabilisierung der Revolution. Sein Schicksal bestimmte sich nicht etwa durch seine allgemeine Perspektive der Revolution, sondern durch die konkrete Perspektive, die er sich, politisch gesehen, über das Verhältnis von Gironde und Montagne, über die Möglichkeit einer Stabilisierung des Verhältnisses zwischen der Bourgeoisie, den reichen und reichgewordenen Revolutionsgewinnern der französischen Provinz, und dem radikalen, verelendeten Pariser Kleinbürgertum gemacht hatte. Der Sturz der Girondisten zog im Grunde den Sturz Dantons nach sich. Er hatte die feindlichen Lager zu versöhnen gesucht, weil er die Unvereinbarkeit ihrer wirtschaftlichen Interessen nicht erkannte, seine Kompromissbereitschaft hatte ihn schon kurz nach der Niederlage der Gironde aus dem Wohlfahrtsausschuss gedrängt, während die Kompromissfeindschaft in dieser Frage den Gegenspieler Robespierre hineinführte. [...] Danton und Desmoulins erheben ihre Stimme zur Predigt der Versöhnung, der Einsetzung eines Gnadenausschusses. Das Programm, das Hérault und Desmoulins im Drama als Programm der Dantonisten verkünden („Die Revolution ist in das Stadium der Reorganisation gelangt. – Die Revolution muss aufhören, und die Republik muss anfangen. ... Jeder muss in seiner Art genießen können, jedoch so, dass keiner auf Unkosten eines andern genießen oder ihn in seinem eigentümlichen Genuss stören darf."), ist geschichtlich auch dasjenige Dantons. Der Kampf gegen die „zweite Revolution" ist Dantons Kampf. Aber in jener konkreten Lage hat das reale Bedeutung. Dieser Weg bedeutet – Thermidor und Directoire haben es später bewiesen – die Stabilisierung des Revolutionsgewinns der reichen städtischen Bourgeoisie; der „Genuss", von dem Hérault de Séchelles spricht, ist der Genuss der Revolutionsgewinner, der späteren Jeunesse dorée, auf Kosten des enterbten jakobinischen Kleinbürgertums und seines Traumes von der Weiterführung der politischen zur gesellschaftlichen Umwälzung. Indem Robespierre diesen Weg der Stabilisierung ablehnt, muss er Danton opfern; Danton aber, der zur Versöhnung aufruft, wird, unbewusst und vielleicht wider Willen, zum Sprecher der Revolutionsnutznießer und Konterrevolutionäre. Nicht isolierende Erkenntnis verdammt ihn zur Untätigkeit, sondern ein Programm, das unvereinbare Gegensätze zu versöhnen sucht. Nicht Überdruss an Politik oder Langeweile entfremdet ihn seinen Anhängern, sondern die objektive Tatsache eines poli-

NAME:

DATUM / KURS:

tischen Programms, mit dem nicht den Anhängern der Jakobiner und Cordeliers, den früheren Verehrern Dantons, gedient ist, sondern nur ihren Gegnern, den Aufkäufern des aristokratischen und geistlichen Grundbesitzes, den Fabrikanten von Lyon und Bordeaux und den Heereslieferanten, gerade jenen Schichten also, gegen die Danton selbst gekämpft hatte und die er nach wie vor hasst. […]

Der Gegensatz dieser geschichtlichen Persönlichkeit zu Büchners Danton-Gestalt ist evident. Georges Danton in seiner geschichtlichen Rolle verkannte den Ablauf des geschichtlichen Prozesses, in dem er stand; das vereinsamte ihn – nicht durch Erkenntnis, sondern durch verfehlte politische Anschauungen. Büchners Danton vereinsamt, wird unlustig, der Aktion überdrüssig, gerade dank vertiefter, durchdringender Einsicht in den objektiven Sinn des Vorgangs, in dem mitzuspielen er gezwungen ist: gezwungen ist, denn die wirkliche frühere Tat, auf die der geschichtliche Danton sich voll Stolz vor seinen Richtern beruft, sie bedeutet, geprüft am verbitternden und vereinsamten Bewusstsein der Sinnlosigkeit, dem Danton Büchners nur noch Stachel zu neuer bohrender Verzweiflung, nicht Anlass zu Stolz und rühmendem Gedenken. Die historische Gerichtsrede mit ihrer stolzen Selbstkennzeichnung findet sich zwar auch im Drama, sie wurde aus den Quellen übernommen, allein sie passt nur schlecht zum eigentlichen Bild des Büchner-Helden, zu seiner Verzweiflung, seinem geschichtlichen Nihilismus.

Mit anderen Worten: der geschichtliche Danton steht in der Aktion und scheitert, da er die Weiterführung der revolutionären Bewegung zu hemmen sucht, die objektiv notwendig und unvermeidbar ist, deren Notwendigkeit und Unvermeidbarkeit Robespierre und St.-Just klar erkennen..

Aus: Hans Mayer: Georg Büchner und seine Zeit, Frankfurt a. M.: Suhrkamp Verlag 1972, S. 210 ff.

1 Legen Sie dar, welche Unterschiede der Literaturwissenschaftler Hans Mayer zwischen dem historischen Danton und Büchners Danton sieht.

2 Diskutieren Sie, ob Sie der Sicht zustimmen können. Begründen Sie Ihre Meinung.

3 Fassen Sie die gewonnenen Erkenntnisse in einem kurzen schriftlichen Text zusammen.

NAME:

DATUM / KURS:

Der private und der öffentliche Danton – eine Rede analysieren (III,4)

Info

Aspekte bei der Untersuchung von Reden

Rede

Redetaktik
- Sprechhaltung: sachlich, wertend, emotional, aggressiv, schuldzuweisend
- Appell an Gefühle: Freude, Hass, Wut, Angst, Stolz, Liebe

Redeaufbau
- Gliederung der Rede
- Thematische Entfaltung
- Argumentationslinie, Logik

Rhetorische Mittel
- Pathos
- Bilder, Metaphern, Vergleiche
- Wortfiguren (Hyperbel, Euphemismus)
- Satzfiguren (Ellipse, Parallelismus)
- Gedankenfiguren (rhetorische Frage, Antithese, Paradoxon, Klimax)
- Klangfiguren (Anapher, Alliteration, Wortspiel)

Redeabsichten
- Offene und unterschwellige Absichten
- Klärung, Appell, Angriff, Verteidigung

1 Bereiten Sie Dantons Rede vor dem Revolutionstribunal in III,4 (vgl. Klett Editionenheft, S. 52 f.) zu Hause vor. Überlegen Sie sich die Inszenierung (Auftreten, Körperhaltung, Sprechweise, Stimmaufwand, Hervorhebungen, Pausen) und tragen Sie die Rede vor dem Kurs vor.

2 Analysieren Sie die Rede vor dem Revolutionstribunal in III,4 unter den vorgeschlagenen Aspekten. Sie können die Aspekte auch selbstständig erweitern.

3 Vergleichen Sie sprachlich und inhaltlich Dantons Verteidigungsrede in III,4 mit Dantons Ausführungen in II,1 und II,5. In den verschiedenen Szenen werden unterschiedliche Seiten Dantons erkennbar. Halten Sie Ihre Ergebnisse schriftlich fest.

NAME:

DATUM / KURS:

Figurenkonstellationen im Drama untersuchen

Info

Die Beziehungen der Figuren in einem Drama sind so angelegt, dass sie in einem Spannungsverhältnis zueinander stehen. Besonders häufig ist dabei die Gegenüberstellung von Held (Protagonist) und Gegenspieler (Antagonist), wobei beiden noch weitere Figuren zugeordnet sein können.

Die Figuren heben sich dabei entweder voneinander ab (Kontrastprinzip) oder lassen bestimmte Übereinstimmungen erkennen (Korrespondenzprinzip).

1 Fertigen Sie eine Skizze an, die die Beziehungen der Figuren im Verhältnis zu Danton verdeutlichen. Wenden Sie dabei die Prinzipien Kontrast und Korrespondenz an.

2 Füllen Sie die nachfolgende Tabelle aus, indem Sie die im Stück erkennbaren Kontraste zwischen Dantonisten und Robespierristen aufzeigen.

Vergleichende Gegenüberstellung der beiden Fraktionen

Danton und Anhänger	**Robespierre, St. Just und Anhänger**
Griechen	Römer
Erbarmen, Beenden der Hinrichtungen	
	Soziale Revolution
Bezug: Epikur	
Genuss, …	Tugend, …
Emotion, …	Fanatismus, …
Ideale	Ideologie
Gleichberechtigter Umgang mit Frauen, Prostituierten, Künstlern	
Offenheit, Geradlinigkeit, Ehrlichkeit	
Politik aus …	Politik aus …
	Eine „heroische Fratze“ machen
„Fluch des Muss“	„Qual des Henkers“
…	…

3 Fassen Sie die Ergebnisse der Gegenüberstellung kurz schriftlich zusammen.

NAME:

DATUM / KURS:

Die Frauenfiguren des Dramas erschließen

Die Grisetten von Paris sind in vielen Szenen gegenwärtig, selbst zum Schafott begleiten sie ihre ehemaligen Kunden (IV,7). Eine der Grisetten, Marion, erzählt ihre Lebensgeschichte Danton (I,5). Ganz Natur, „sehr reizbar" und „immer nur Eins" verkörpert sie die Utopie von der freien Liebe mit freier Partnerwahl. Im Gegensatz dazu stehen die Ehefrauen Lucile und Julie, deren Leben auf einen einzigen Geliebten gerichtet ist. Bei ihnen wich Büchner von den historischen Vorbildern ab, während er sich sonst überwiegend an die überlieferten Personen gehalten hat.

Danton war in zweiter Ehe mit Sébastienne-Louise Gély (1777–1858) verheiratet. Sie heiratete drei Jahre nach seinem Tod einen Aristokraten. Lucile Laridon-Duplessis (1770–1794) stammte aus dem wohlhabenden Bürgertum. Sie war interessiert an den Ereignissen um die Französische Revolution und begleitete die politische Arbeit ihres Mannes. Ihre Bemühungen um eine Freilassung Camilles blieben erfolglos. Aufgrund der Denunziation Laflottes wurde sie verhaftet und nur neun Tage nach ihrem Mann guillotiniert.

1 Lesen Sie die Textstellen nach, an denen Sie etwas über die Frauenfiguren erfahren.

2 Schreiben Sie – je nach Neigung – einen der folgenden Abschiedsbriefe:
Danton an Julie / Camille an Lucile / Hérault-Séchelles an die Grisetten von Paris.

Danton ➔ Julie | **Camille ➔ Lucile** | **Hérault-Séchelles ➔ Grisetten von Paris°**

Sie können sich dabei an folgenden Briefformeln bzw. Inhalten orientieren:

- Eingangsformel: „Wenn du diesen Brief in Händen hast …"
- Anrede: „Meine gute Freundin" (auch unter Ehepaaren üblich gewesen)
- Verzweiflung: „Es ist so elend, sterben zu müssen."
- Hoffnung: „Das ist jedoch mein Trost / meine Hoffnung …"
- Verteidigung: „Ich habe immer geglaubt / gewollt …"
- Rückblick: „Ich habe alles getan, um …"
- Beruhigung: „Der Tod, will mir scheinen, wird für mich …"
- Schlussformel: „Küsse … / Tröste … / Lebwohl! Lebwohl für immer! Dein …

[Thinkstock (iStockphoto), München]

3 Lesen Sie den Text auf Seite 122 f. des Klett Editionenhefts.
Vergleichen Sie die Aussagen mit Ihren Erkenntnissen.

NAME:
DATUM / KURS:

Eros und Liebe – Themen und Motive untersuchen

I,1

JULIE Glaubst du an mich?

DANTON Was weiß ich! Wir wissen wenig voneinander. Wir sind Dickhäuter, wir strecken die Hände nacheinander aus, aber es ist vergebliche Mühe, wir reiben nur das grobe Leder aneinander ab, – wir sind sehr einsam.

JULIE Du kennst mich, Danton.

DANTON Ja, was man so kennen heißt. Du hast dunkle Augen und lockiges Haar und einen feinen Teint und sagst immer zu mir: lieb Georg! Aber *er deutet ihr auf Stirn und Augen* da da, was liegt hinter dem? Geh, wir haben grobe Sinne. Einander kennen? Wir müssten uns die Schädeldecken aufbrechen und die Gedanken einander aus den Hirnfasern zerren. [...] Nein, Julie, ich liebe dich wie das Grab.

JULIE *sich abwendend* Oh!

DANTON Nein, höre! Die Leute sagen, im Grab sei Ruhe, und Grab und Ruhe seien eins. Wenn das ist, lieg' ich in deinem Schoß schon unter der Erde. Du süßes Grab, deine Lippen sind Totenglocken, deine Stimme ist mein Grabgeläute, deine Brust mein Grabhügel und dein Herz mein Sarg.

I,5

DANTON Warum kann ich deine Schönheit nicht ganz in mich fassen, sie nicht ganz umschließen?

MARION Danton, deine Lippen haben Augen.

I,5

LACROIX Was ist der Unterschied zwischen dem antiken und einem modernen Adonis? [...] ein moderner Adonis wird nicht von einem Eber, sondern von Säuen zerrissen, er bekommt seine Wunde nicht am Schenkel sondern in den Leisten und aus seinem Blut sprießen nicht Rosen hervor, sondern schießen Quecksilberblüten an.

I,5

MARION Ich kenne keinen Absatz, keine Veränderung. Ich bin immer nur Eins. Ein ununterbrochenes Sehen und Fassen, eine Glut, ein Strom.

I,5

DANTON Fräulein Rosalie [...] ist eine Magnetnadel, was der Pol Kopf abstößt, zieht der Pol Fuß an, die Mitte ist ein Äquator, wo jeder eine Sublimattaufe nötig hat, der zum ersten Mal die Linie passiert.

IV,7

EIN WEIB He Danton, du kannst jetzt mit den Würmern Unzucht treiben.

I,1

CAMILLE Wir wollen nackte Götter, Bacchantinnen, olympische Spiele und melodische Lippen: ach, die gliederlösende, böse Liebe!

IV,3

CAMILLE Lucile, deine Küsse fantasieren auf meinen Lippen, jeder Kuss wird ein Traum, meine Augen sinken und schließen ihn fest ein.

1 Stellen Sie im Stuhlkreis in einem Blitzlicht Vermutungen darüber an, warum sich so auffallend viele erotische Anspielungen im Stück finden.

2 Fertigen Sie mithilfe der mitgebrachten Zeitschriften eine Collage zum Thema Liebe und Erotik an. Schneiden Sie dazu die Textzitate aus und verwenden Sie sie als Beschriftungen in Ihrer Collage. Präsentieren Sie Ihre Ergebnisse und erläutern Sie Ihre Arbeiten.

3 Resümieren Sie Ihre Erkenntnisse in einem kurzen Text.

© Ernst Klett Verlag GmbH, Stuttgart 2013 | www.klett.de | ISBN 978-3-12-352480-6

NAME:

DATUM / KURS:

Spiel, Theater, Bühne – Themen und Motive untersuchen

II, 1

DANTON [Die Verurteilten] treten mit gelenken Gliedern hinter die Kulissen und können im Abgehen noch hübsch gestikulieren und die Zuschauer klatschen hören. Das ist ganz artig und passt für uns, wir stehn immer auf dem Theater, wenn wir auch zuletzt im Ernst erstochen werden.

IV, 7

LACROIX *zu dem Volk* Ihr tötet uns an dem Tage, wo ihr den Verstand verloren habt; ihr werdet sie an dem töten, wo ihr ihn wiederbekommt.

VOLK Das war schon einmal da! wie langweilig!

IV, 7

HÉRAULT *will Danton umarmen* Ach Danton, ich bringe nicht einmal einen Spaß mehr heraus. Da ist's Zeit. *Ein Henker stößt ihn zurück.*

I, 1

HÉRAULT Ich zettelte eine Liebschaft mit einer Kartenkönigin an; meine Finger waren in Spinnen verwandelte Prinzen, Sie, Madame, waren die Fee; aber es ging schlecht, die Dame lag immer in den Wochen, jeden Augenblick bekam sie einen Buben. Ich würde meine Tochter dergleichen nicht spielen lassen, die Herren und Damen fallen so unanständig übereinander und die Buben kommen gleich hinten nach.

I, 1

CAMILLE *bei Dantons Hinausgehn* Lasst ihn! Glaubt ihr, er könne die Finger davon lassen, wenn es zum Handeln kömmt?

HÉRAULT Ja, aber bloß zum Zeitvertreib, wie man Schach spielt.

I, 2

SIMON Nein, lasst mich, Römer! Zerschellen will ich dies Geripp! Du Vestalin!

WEIB Ich eine Vestalin? Das will ich sehen, ich.

SIMON So reiß ich von den Schultern dein Gewand. / Nackt in die Sonne schleudr' ich dann dein Aas. / Du Hurenbett, in jeder Runzel deines Leibes nistet Unzucht.

I, 2

EINIGE STIMMEN Er hat ein Schnupftuch! ein Aristokrat! an die Laterne! an die Laterne!

JUNGER MENSCH Ach, meine Herren!

ZWEITER BÜRGER Es gibt hier keine Herren! An die Laterne!

JUNGER MENSCH Erbarmen!

DRITTER BÜRGER Nur ein Spielen mit einer Hanflocke um den Hals! [...] – An die Laterne!

JUNGER MENSCH Meinetwegen, ihr werdet deswegen nicht heller sehen.

DIE UMSTEHENDEN Bravo! Bravo!

IV, 5

CAMILLE Wir sollten einmal die Masken abnehmen, wir sähen dann, wie in einem Zimmer mit Spiegeln, überall nur den einen uralten, zahnlosen, unverwüstlichen Schafskopf, nichts mehr, nichts weniger.

II, 5

DANTON Puppen sind wir von unbekannten Gewalten am Draht gezogen; nichts, nichts wir selbst! Die Schwerter, mit denen Geister kämpfen, man sieht nur die Hände nicht, wie im Märchen.

1 Äußern Sie in einer Redekette spontane Beiträge zum Thema „Schein und Sein".

2 Halten Sie anhand der Stückzitate einen Kurzvortrag zum Thema „Dantons Tod – alles nur Theater?". Bereiten Sie sich dazu folgendermaßen vor:

Schneiden Sie die Zitate aus und bringen Sie diejenigen, die Sie verwenden wollen, in einen logischen Zusammenhang. Überlegen Sie sich Anfang und Schluss, eine sinnvolle Reihenfolge und überzeugende Übergänge.

3 Lesen Sie die Texte auf Seite 116 und 117 des Klett Editionenheftes. Erläutern Sie die theatralischen Effekte, wie sie in der Französischen Revolution sichtbar werden. Vergleichen sie, wie Büchner das Motiv „Theater/ Inszenierung" in seinem Drama ein- und umsetzt.

NAME:

DATUM / KURS:

Existenz, Tod und Jenseits – Themen und Motive untersuchen

Verhalten angesichts des Todes	Antworten auf die Fragen nach Tod und Jenseits	Antworten auf die Frage: Was ist der Mensch?
... überspielt witzig die Todesangst	findet Beweise für die Nichtexistenz Gottes	?
... lässt mehr Mitmenschlichkeit, Vertrauen, Freundschaft und Liebe zu	... hält das Leiden der Welt für den Fels des Atheismus	
... macht sich Sorgen um sein Vermächtnis	... glaubt an die Ruhe in Gott	
... ist von seinem Nachruhm überzeugt	... hält den Tod im Gegensatz zum Leben für eine einfacher organisierte Fäulnis	
... hat Angst vor dem Alleinsein im Tod	... glaubt an das Nichts	
... hat Angst vor der Sinnlosigkeit des Sterbens		

1 Ergänzen Sie die Tabelle mit geeigneten Textstellen aus den Akten III und IV.

2 Der Schriftsteller Martin Walser sagte in seiner Büchner-Preis-Rede 1981 mit Blick auf „Dantons Tod“: „Büchner hat nicht gesagt: Gott ist tot; er teilt uns mit, woran Gott stirbt. Jeder Gott. Er stirbt daran, dass er nicht hilft.“

Setzen Sie diese Aussage erstens in Bezug zu den Ausführungen Thomas Paynes in III,1 und zweitens zu den Auffassungen Epikurs und Leibniz’ auf S. 118 ff. im Klett Editionenheft.

© Ernst Klett Verlag GmbH, Stuttgart 2013 | www.klett.de | ISBN 978-3-12-352480-6

NAME:

DATUM / KURS:

Langeweile und Müßiggang – Themen und Motive untersuchen

Die Komödie „Leonce und Lena" verfasste Büchner, der 1836 als politischer Flüchtling ohne geregelte Einkünfte in Straßburg wohnte, für einen Wettbewerb des Stuttgart Cotta-Verlags, verpasste aber den Einsendeschluss. In der dritten Szene bekommt der gelangweilte Prinz Leonce Besuch von seiner Geliebten Rosetta.

Georg Büchner: Leonce und Lena. Erster Akt, dritte Szene (1836)

Ein reich geschmückter Saal, Kerzen brennen

Leonce mit einigen Dienern

LEONCE Sind alle Läden geschlossen? Zündet die Kerzen an! Weg mit dem Tag! Ich will Nacht, tiefe ambrosische[1] Nacht. Stellt die Lampen unter Kristallglocken zwischen die Oleander, dass sie wie Mädchenaugen unter den Wimpern der Blätter hervorträumen. Rückt die Rosen näher, dass der Wein wie Tautropfen auf die Kelche sprudle. Musik! Wo sind die Violinen? Wo ist die Rosetta? Fort! Alle hinaus!

Die Diener gehen ab. Leonce streckt sich auf ein Ruhebett. Rosetta, zierlich gekleidet, tritt ein. Man hört Musik aus der Ferne.

ROSETTA *nähert sich schmeichelnd.* Leonce!

LEONCE Rosetta!

ROSETTA Leonce!

LEONCE Rosetta!

ROSETTA Deine Lippen sind träg. Vom Küssen?

LEONCE Vom Gähnen!

ROSETTA Oh!

LEONCE Ach Rosetta, ich habe die entsetzliche Arbeit ...

ROSETTA Nun?

LEONCE Nichts zu tun ...

ROSETTA Als zu lieben?

LEONCE Freilich Arbeit!

ROSETTA *beleidigt* Leonce!

LEONCE Oder Beschäftigung.

ROSETTA Oder Müßiggang.

LEONCE Du hast Recht wie immer. Du bist ein kluges Mädchen und ich halte viel auf deinen Scharfsinn.

ROSETTA So liebst du mich aus Langeweile?

LEONCE Nein, ich habe Langeweile, weil ich dich liebe. Aber ich liebe meine Langeweile wie dich. Ihr seid eins. O dolce farniente[2], ich träume über deinen Augen, wie an wunderheimlichen tiefen Quellen, das Kosen deiner Lippen schläfert mich ein, wie Wellenrauschen. *Er umfasst sie.* Komm liebe Langeweile, deine Küsse sind ein wollüstiges Gähnen, und deine Schritte sind ein zierlicher Hiatus[3].

ROSETTA Du liebst mich, Leonce?

LEONCE Ei warum nicht?

ROSETTA Und immer?

LEONCE Das ist ein langes Wort: immer! Wenn ich dich nun noch fünftausend Jahre und sieben Monate liebe, ist's genug? Es ist zwar viel weniger, als immer, ist aber doch eine erkleckliche Zeit, und wir können uns Zeit nehmen, uns zu lieben.

ROSETTA Oder die Zeit kann uns das Lieben nehmen.

LEONCE Oder das Lieben uns die Zeit. Tanze, Rosetta, tanze, dass die Zeit mit dem Takt deiner niedlichen Füße geht.

ROSETTA Meine Füße gingen lieber aus der Zeit.

Sie tanzt und singt.

O meine müden Füße ihr müsst tanzen
In bunten Schuhen,
Und möchtet lieber tief, tief
Im Boden ruhen.

O meine heißen Wangen, ihr müsst glühen
Im wilden Kosen,
Und möchtet lieber blühen
Zwei weiße Rosen.

O meine armen Augen, ihr müsst blitzen
Im Strahl der Kerzen,
Und lieber schlieft ihr aus im Dunkeln
Von euren Schmerzen.

LEONCE *indes träumend vor sich hin* O, eine sterbende Liebe ist schöner, als eine werdende. Ich bin ein Römer; bei dem köstlichen Mahle spielen zum Dessert die goldnen Fische in ihren Todesfarben.[4] Wie ihr das Rot von den Wangen stirbt, wie still das Auge ausglüht, wie leis das Wogen ihrer Glieder steigt und fällt! Adio, adio meine Liebe, ich will deine Leiche lieben. *Rosetta nähert sich ihm wieder.* Tränen,

[1] *Griech.-lat.: „himmlisch", „göttlich"; von „Ambrosia", der Unsterblichkeit verleihenden Speise der Götter.*
[2] *Ital.: Oh süßes Nichtstun.*
[3] *Lat.: Kluft, Öffnung.*
[4] *In Ludwig Tiecks (1773–1853) Novelle „Dichterleben" (1826) beobachten die Römer bei ihren Festmahlen, wie Goldfische im Sterben ihre Farben verändern.*

NAME:

DATUM / KURS:

Rosetta? Ein feiner Epikuräismus[5] – weinen zu können. Stelle dich in die Sonne, dass die köstlichen Tropfen kristallisieren, es muss prächtige Diamanten geben. Du kannst dir ein Halsband daraus machen lassen.

ROSETTA Wohl Diamanten, sie schneiden mir in die Augen. Ach Leonce! *Will ihn umfassen.*

LEONCE Gib Acht! Mein Kopf! Ich habe unsere Liebe darin beigesetzt. Sieh zu den Fenstern meiner Augen hinein. Siehst du, wie schön tot das arme Ding ist? Siehst du die zwei weißen Rosen auf seinen Wangen und die zwei roten auf seiner Brust? Stoß mich nicht, dass ihm kein Ärmchen abbricht, es wäre schade. Ich muss meinen Kopf gerade auf den Schultern tragen, wie die Totenfrau[6] einen Kindersarg.

ROSETTA *scherzend* Narr!

LEONCE Rosetta! *Rosetta macht ihm eine Fratze.* Gott sei Dank! *Hält sich die Augen zu.*

ROSETTA *erschrocken* Leonce, sieh mich an.

LEONCE Um keinen Preis!

ROSETTA Nur einen Blick!

LEONCE Keinen! Weinst du? Um ein klein wenig, und meine liebe Liebe käme wieder auf die Welt. Ich bin froh, dass ich sie begraben habe. Ich behalte den Eindruck.

ROSETTA *entfernt sich traurig und langsam, sie singt im Abgehn:*

Ich bin eine arme Waise,
Ich fürchte mich ganz allein.
Ach lieber Gram –
Willst du nicht kommen mit mir heim?

LEONCE *allein* Ein sonderbares Ding um die Liebe. Man liegt ein Jahr lang schlafwachend zu Bette, und an einem schönen Morgen wacht man auf, trinkt ein Glas Wasser, zieht seine Kleider an und fährt sich mit der Hand über die Stirn und besinnt sich – und besinnt sich. – Mein Gott, wie viel Weiber hat man nötig, um die Skala der Liebe auf und ab zu singen? Kaum dass Eine einen Ton ausfüllt. Warum ist der Dunst über unsrer Erde ein Prisma, das den weißen Glutstrahl der Liebe in einen Regenbogen bricht?[7] – *Er trinkt.* In welcher Bouteille steckt denn der Wein, an dem ich mich heute betrinken soll? Bringe ich es nicht einmal mehr so weit? Ich sitze wie unter einer Luftpumpe[8]. Die Luft so scharf und dünn, dass mich friert, als sollte ich in Nankinhosen[9] Schlittschuh laufen. – Meine Herren, meine Herren, wisst ihr auch, was Caligula und Nero[10] waren? Ich weiß es. – Komm Leonce, halte mir einen Monolog, ich will zuhören. Mein Leben gähnt mich an, wie ein großer weißer Bogen Papier, den ich voll schreiben soll, aber ich bringe keinen Buchstaben heraus. Mein Kopf ist ein leerer Tanzsaal, einige verwelkte Rosen und zerknitterte Bänder auf dem Boden, geborstene Violinen in der Ecke, die letzten Tänzer haben die Masken abgenommen und sehen mit todmüden Augen einander an. Ich stülpe mich jeden Tag vier und zwanzig Mal herum, wie einen Handschuh. O ich kenne mich, ich weiß was ich in einer Viertelstunde, was ich in acht Tagen, was ich in einem Jahre denken und träumen werde. Gott, was habe ich denn verbrochen, dass du mich, wie einen Schulbuben, meine Lektion so oft hersagen lässt? – Bravo Leonce! Bravo! *Er klatscht.* Es tut mir ganz wohl, wenn ich mir so rufe. He! Leonce! Leonce!

5 Der griechische Philosoph Epikur (341–271 v. Chr.) hatte das gänzliche Freisein von körperlichem und seelischem Schmerz zum Lebensziel erklärt, galt jedoch zu Büchners Zeit als Verfechter eines genussorientierten Lebens.
6 Die Aufgabe der Totenfrau war es, Gestorbene zu waschen und anzukleiden.
7 Leonce beklagt hier die Unmöglichkeit, alle Facetten der Liebe auf einmal zu empfinden.
8 Apparat zur Erzeugung eines luftleeren Raumes.
9 Hosen aus gelbem Baumwollstoff, der seinen Namen von der chinesischen Stadt Nanking hat.
10 Die römischen Kaiser Gajus Caesar (12–41), genannt Caligula (lat.: Stiefelchen), und Claudius Drusus Nero (37–69) gelten als Inbegriff tyrannischer Herrscher.

Aus: Georg Büchner: Leonce und Lena, Stuttgart/Leipzig: Ernst Klett Verlag 2011, Klett Editionen, S. 10 ff.

1 Beschreiben Sie die Art und Weise, mit der Leonce Rosetta begegnet.

2 Erläutern Sie Leonces Lebenseinstellung und vergleichen Sie diese mit Dantons Haltung in II,1.

3 Ziehen Sie zum Vergleich die Texte auf S. 92–97 im Klett Editionenheft heran.

NAME:

DATUM / KURS:

Georg Büchners Kunstauffassung erschließen

CAMILLE Setzt die Leute aus dem Theater auf die Gasse: die erbärmliche Wirklichkeit! – Sie vergessen ihren Herrgott über seinen schlechten Kopisten. Von der Schöpfung, die glühend, brausend und leuchtend, um und in ihnen, sich jeden Augenblick neu gebiert, hören und sehen sie nichts. Sie gehen ins Theater, lesen Gedichte und Romane, schneiden den Fratzen darin die Gesichter nach und sagen zu Gottes Geschöpfen: „wie gewöhnlich!" *(II,3, S. 35)*

1 Lesen Sie das ganze Zitat im Textzusammenhang. Erläutern Sie mit eigenen Worten Camilles Kunsttheorie.

2 Vergleichen Sie Camilles Ausführungen mit Büchners Kunstauffassung, vgl. Klett Editionen, S. 98–101 und 108 f.

3 Büchner verwendet in „Dantons Tod" eine äußerst differenzierte und heterogene Sprache. Im Folgenden finden Sie dazu eine Auswahl. Führen Sie die Tabelle fort, indem Sie das jeweilige Beispiel rhetorisch zuordnen und seine entsprechende Funktion beschreiben.

4 Suchen Sie nach weiteren sprachlichen Besonderheiten im Stück und charakterisieren Sie Büchners Sprache.

Zitat	Stilmittel	Funktion
„Wir wollen ihnen die Haut von den Schenkeln ziehen und uns Hosen daraus machen" (Bürger I,2)	Metaphern der Gewalt und der kannibalischen Mordlust	Spiegeln einerseits die Wut und Armut des Volkes, andererseits die Gewöhnung an die Unbarmherzigkeit der Zeit
„Wir ließen das Volk sich selbst bewachen, es hat nicht geschlafen, es hat an die Waffen geschlagen" (Robespierre I,3)	Parataxen, keine syntaktische Unterordnung, Anaphern	Stil des politischen Einpeitschers, Appell, Dynamisierung
„Ich bin eine Reliquie und Reliquien wirft man auf die Gasse" (Danton II,1)		
„Ich werde, du wirst, er wird" (Danton I,1)		
„Die Staatsform muss ein durchsichtiges Gewand sein" (Camille I,1)		
„Ihr habt Kollern im Leib und sie haben Magendrücken" (Bürger I,2)		
„Das Veto frisst euer Brot" (Bürger I,2)		
„Rasch, Danton, wir haben keine Zeit zu verlieren" – „Aber die Zeit verliert uns" (Camille und Danton II,1)		
„Ich frage nun: soll die moralische Natur in ihren Revolutionen mehr Rücksicht nehmen als die physische?" (St. Just II,7)		
„Meine Herren, ich will mich zuerst servieren" (Camille IV,7)		

NAME:
DATUM / KURS:

Die Rolle des Volkes untersuchen

Johann Wolfgang von Goethe: Faust I. Vor dem Tor (V. 808 ff.)

Spaziergänger aller Art ziehen hinaus.

EINIGE HANDWERKSBURSCHEN Warum denn dort hinaus?
ANDRE Wir gehn hinaus aufs Jägerhaus.
DIE ERSTEN Wir aber wollen nach der Mühle wandern.
EIN HANDWERKSBURSCHE Ich rat' euch, nach dem Wasserhof zu gehn.
ZWEITER Der Weg dahin ist gar nicht schön.
DIE ZWEITEN Was tust denn du?
EIN DRITTER Ich gehe mit den andern.
VIERTER Nach Burgdorf kommt herauf, gewiss dort findet ihr
Die schönsten Mädchen und das beste Bier,
Und Händel von der ersten Sorte.
FÜNFTER Du überlustiger Gesell,
Juckt dich zum dritten Mal das Fell?
Ich mag nicht hin, mir graut es vor dem Orte.
DIENSTMÄDCHEN Nein, nein! ich gehe nach der Stadt zurück.
ANDRE Wir finden ihn gewiss bei jenen Pappeln stehen.
ERSTE Das ist für mich kein großes Glück;
Mit dir nur tanzt er auf dem Plan.
Was gehn mich deine Freuden an!
ANDRE Heut ist er sicher nicht allein,
Der Krauskopf, sagt er, würde bei ihm sein.
SCHÜLER Blitz, wie die wackern Dirnen schreiten!
Herr Bruder, komm! wir müssen sie begleiten,
Ein starkes Bier, ein beizender Toback
Und eine Magd im Putz, das ist nun mein Geschmack.
BÜRGERMÄDCHEN Da sieh mir nur die schönen Knaben!
Es ist wahrhaftig eine Schmach:
Gesellschaft könnten sie die allerbeste haben,
Und laufen diesen Mägden nach!
ZWEITER SCHÜLER *zum ersten* Nicht so geschwind! dort hinten kommen zwei,
Sie sind gar niedlich angezogen,
's ist meine Nachbarin dabei;
Ich bin dem Mädchen sehr gewogen.
Sie gehen ihren stillen Schritt
Und nehmen uns doch auch am Ende mit.
ERSTER Herr Bruder, nein! Ich bin nicht gern geniert.
Geschwind! dass wir das Wildbret nicht verlieren.
Die Hand, die samstags ihren Besen führt,
Wird sonntags dich am besten karessieren.
BÜRGER Nein, er gefällt mir nicht, der neue Burgemeister!
Nun, da er's ist, wird er nur täglich dreister.
Und für die Stadt, was tut denn er?
Wird es nicht alle Tage schlimmer?
Gehorchen soll man mehr als immer,
Und zahlen mehr als je vorher.
BETTLER *singt* Ihr guten Herrn, ihr schönen Frauen,
So wohlgeputzt und backenrot,
Belieb' es euch, mich anzuschauen,
Und seht und mildert meine Not! [...]

ANDERE BÜRGER Nichts Bessers weiß ich mir an Sonn- und Feiertagen
Als ein Gespräch von Krieg und Kriegsgeschrei,
Wenn hinten, weit, in der Türkei,
Die Völker auf einander schlagen.
Man steht am Fenster, trinkt sein Gläschen aus
Und sieht den Fluss hinab die bunten Schiffe gleiten;
Dann kehrt man abends froh nach Haus,
Und segnet Fried' und Friedenszeiten. [...]
ALTE *zu den Bürgermädchen* Ei! wie geputzt! das schöne junge Blut!
Wer soll sich nicht in euch vergaffen? –
Nur nicht so stolz! Es ist schon gut!
Und was ihr wünscht, das wüsst' ich wohl zu schaffen.
BÜRGERMÄDCHEN Agathe, fort! ich nehme mich in acht,
Mit solchen Hexen öffentlich zu gehen:
Sie ließ mich zwar in Sankt Andreas' Nacht
Den künft'gen Liebsten leiblich sehen –
DIE ANDRE Mir zeigt sie ihn im Kristall,
Soldatenhaft, mit mehreren Verwegnen;
Ich seh' mich um, ich such' ihn überall,
Allein mir will er nicht begegnen.
SOLDATEN [...] Das ist ein Stürmen!
Das ist ein Leben!
Mädchen und Burgen
Müssen sich geben.
Kühn ist das Mühen,
Herrlich der Lohn!
Und die Soldaten
Ziehen davon. [...]

Aus: Johann Wolfgang von Goethe: Faust. Der Tragödie erster Teil, Stuttgart/Leipzig: Ernst Klett Verlag 2013, KlettEditionen, S. 33 ff.

1 Vergleichen Sie die Bürgerszene aus „Faust I“ (um 1800 verfasst) inhaltlich und sprachlich mit der Szene „Eine Promenade“ (II,2) in „Dantons Tod“.

2 Untersuchen Sie in Gruppen die Szenen I,2, II,6, III,10, IV,4, IV,7 und V,8. Erläutern Sie jeweils die Rolle des Volkes in diesen Szenen.

NAME:

DATUM / KURS:

Aufbau und Struktur des Dramas erarbeiten

Gustav Freytag hat 1863 in seiner Schrift „Die Technik des Dramas“ den Aufbau des klassischen fünfaktigen Dramas als Pyramide beschrieben. Angelehnt hat er sich dabei an die Norm der französischen Klassik, die irrtümlicherweise auf die Antike übertragen und Aristoteles zugeschrieben wurde. Seitdem hat sich der Begriff des aristotelischen Dramas eingebürgert, der noch heute – wenn auch falsch in der Herleitung – eine gute Grundlage sein kann, um die Struktur eines Theaterstückes zu erklären.

Info

Aufbau des klassischen Dramas

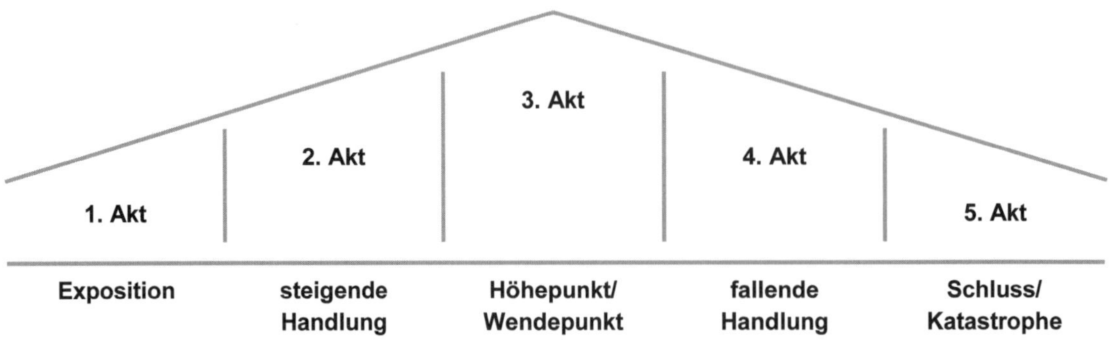

Der **1. Akt** dient der Exposition. Sie macht den Zuschauer mit der Vorgeschichte bekannt, führt Handlungsort, Zeit und Figuren ein und präsentiert die Verhältnisse, aus denen sich der dramatische Konflikt entwickelt.

Im **2. Akt** entwickelt sich der Konflikt (= steigende Handlung).

Im **3. Akt** wird der Konflikt auf den Höhepunkt geführt und voll entfaltet. Oft ist der Höhepunkt zugleich auch Wendepunkt (= Peripetie) des Geschehens, d. h., die Handlung nimmt eine unvorhergesehene Wendung.

Im **4. Akt** führt die Handlung (= fallende Handlung) scheinbar zum unvermeidlichen Schluss hin, wird aber meist durch ein sogenanntes retardierendes Moment aufgehalten. Das verzögernde Moment bringt noch einmal Spannung in den Handlungsablauf.

Im **5. Akt** wird die dramatische Handlung dann abgeschlossen. In der Tragödie meist mit der Katastrophe, in der Komödie mit Auflösung aller Verwicklungen und einem glücklichen Ende.

1 Vergleichen Sie den Aufbau von „Dantons Tod“ mit der Struktur des sogenannten aristotelischen Dramas.

2 Überprüfen Sie, ob der erste Akt die klassischen Anforderungen an eine Exposition erfüllt:
1. Klärung der Vorgeschichte
2. Vorstellung der Hauptpersonen einschließlich ihrer Interessen und ihrer Beziehungen zueinander.

NAME:

DATUM / KURS:

Geschlossene und offene Form im Drama vergleichen

Der Germanist Volker Klotz hat 1960 zwei idealtypische Formen des Dramas unterschieden, die bis heute einen brauchbaren Orientierungsrahmen bilden, um sich die Bauform eines Theaterstückes zu vergegenwärtigen.

	Geschlossenes Drama	Offenes Drama
Handlung	– Einheitliche, in sich abgeschlossene Haupthandlung – Kausale Verknüpfung der Szenen (Nichtaustauschbarkeit) – Einzelne Handlungen als Schritte einer logisch und psychologisch zwingenden Abfolge	– Mehrere Handlungen gleichzeitig – Zerrissenheit der Handlungsabfolge – Relative Autonomie einzelner Episoden
Zeit	– Einheit der Zeit – Zeit nur Rahmen des Geschehens – Keine Zeitsprünge	– Ausgedehnter Zeitraum – Zeit als in die Ereignisse eingreifende Wirkungsmacht – Zeitsprünge zwischen Szenen
Ort	– Einheit des Ortes – Ort nur Rahmen des Geschehens	– Vielheit der Orte – Räume charakterisieren und determinieren Verhalten der Figuren
Personen	– Geringe Anzahl – Ständeklausel – Hoher Bewusstseinsgrad	– Große Anzahl – Keine ständischen und sozialen Beschränkungen
Komposition	– Handlungszusammenhang als Ganzes – Gliederung vom Ganzen zu den Teilen – Funktionale Zuordnung der Szene zum Akt und des Aktes zum Drama – Lineare Abfolge des Geschehens	– Dominanz des Ausschnitts – Gliederung von den Teilen zum Ganzen – Szenen haben ihren Schwerpunkt in sich selbst – Variation und Kontrastierung von Szenen
Sprache	– Einheitlicher, an der Rhetorik ausgerichteter Sprachstil (Versform) – Dialog als Redeanteil – Bewusstsein dominiert Sprache	– Mischung der Stilebenen und der Ausdruckshaltung – Orientierung an der Alltagssprache – Dominanz der Sprache über das Bewusstsein

1 Erörtern Sie anhand der Tabelle, ob „Dantons Tod" eher Merkmale der offenen oder der geschlossenen Dramenform aufweist. Beziehen Sie den Text von Volker Klotz im Klett Editionenheft auf S. 110 f. mit ein.

2 Vergleichen Sie den Aufbau des Dramas mit anderen Stücken, die Ihnen bekannt sind, möglichst aus dem 18./19. Jahrhundert.

NAME:

DATUM / KURS:

Ein „Buddy-Book“ erstellen

1 Stellen Sie zunächst ein „Buddy-Book“ her. Informationen zur Herstellung finden Sie im Internet.

2 Nun können Sie auf den acht Seiten zu den folgenden Stichwörtern Ihren „Spickzettel“ in Form von Kurzkommentaren, Visualisierungen oder Merksätzen eintragen. Tauschen Sie Ihre fertigen Buddy-Books am Ende untereinander aus, damit eventuelle Fehler noch korrigiert werden können.

Folgende Aspekte sollte Ihr Buddy-Book umfassen. Halten Sie Ihre Aufzeichnungen möglichst kurz (max. eine Seite des Booklets).

Der historische Hintergrund – – –	**Der Autor und seine Zeit** – – –
Kurzinformationen zum Drama und zum Inhalt des Dramas – Entstehungszeitraum, Erscheinungsdaten und -weisen – Kurze Inhaltswiedergabe	**Die Figurenkonstellation** – Vorstellung der wichtigsten Handlungsträger und deren Kurzcharakterisierung – Aussagen zur Figurenkonstellation (Protagonisten, Nebenfiguren usw.)
Sprachliche Gestaltung – – – –	**Aufbau und Struktur** – Handlung – Offene/geschlossene Form
Zeit- und Raumgestaltung – Raum – Zeit	**Themen und Motive** – Auflistung der wesentlichen Themen und Gegenstände des Dramas
Genreaspekte – Geschichtsdrama	

NAME:

DATUM / KURS:

Übungsklausur für Schüler

Georg Büchner: Zwei Briefe

Straßburg, um den 6. April 1833

Brief an die Familie

Heute erhielt ich Euren Brief mit den Erzählungen aus *Frankfurt*[1]. Meine Meinung ist die: Wenn in unserer Zeit etwas helfen soll, so ist es *Gewalt*. Wir wissen, was wir von unseren Fürsten zu erwarten haben. Alles, was sie bewilligten, wurde ihnen durch die Notwendigkeit abgezwungen. Und selbst das Bewilligte wurde uns hingeworfen, wie eine erbettelte Gnade und ein elendes Kinderspielzeug, um dem ewigen Maulaffen[2] *Volk* seine zu eng geschnürte Wickelschnur[3] vergessen zu machen. Es ist eine blecherne Flinte und ein hölzerner Säbel, womit nur ein Deutscher die Abgeschmacktheit begehen konnte, Soldatchens zu spielen. Unsere Landstände sind eine Satire auf die gesunde Vernunft, wir können noch ein Säkulum damit herumziehen, und wenn wir die Resultate dann zusammennehmen, so hat das Volk die schönen Reden seiner Vertreter noch immer teurer bezahlt, als der römische Kaiser, der seinen Hofpoeten für zwei gebrochene Verse 20,000 Gulden geben ließ. Man wirft den jungen Leuten den Gebrauch der Gewalt vor. Sind wir denn aber nicht in einem ewigen Gewaltzustand? Weil wir im Kerker geboren und großgezogen sind, merken wir nicht mehr, dass wir im Loch stecken mit angeschmiedeten Händen und Füßen und einem Knebel im Munde. Was nennt ihr denn *gesetzlichen Zustand*? Ein *Gesetz*, das die große Masse der Staatsbürger zum fronenden Vieh macht, um die unnatürlichen Bedürfnisse einer unbedeutenden und verdorbenen Minderzahl zu befriedigen? Und dies Gesetz, unterstützt durch die rohe Militärgewalt und durch die dumme Pfiffigkeit seiner Agenten, dies Gesetz ist eine *ewige, rohe Gewalt*, angetan dem Recht und der gesunden Vernunft, und ich werde mit *Mund* und *Hand* dagegen kämpfen, wo ich kann. Wenn ich an dem, was geschehen, keinen *Teil* genommen und an dem, was vielleicht geschieht, *keinen* Teil nehmen werde, so geschieht es weder aus Missbilligung, noch aus Furcht, sondern nur weil ich im gegenwärtigen Zeitpunkt jede revolutionäre Bewegung als eine vergebliche Unternehmung betrachte und nicht die Verblendung derer teile, welche in den Deutschen ein zum Kampf für sein Recht bereites Volk sehen. Diese tolle Meinung führte die Frankfurter Vorfälle herbei, und der Irrtum büßte sich schwer. Irren ist übrigens keine Sünde, und die deutsche Indifferenz ist wirklich von der Art, dass sie alle Berechnung zu Schanden macht. Ich bedaure die Unglücklichen von Herzen. Sollte keiner von meinen Freunden in die Sache verwickelt sein? [...]

Gießen, um den 9.–12. März 1834

Brief an die Braut

Schon seit einigen Tagen nehme ich jeden Augenblick die Feder in die Hand, aber es war mir unmöglich, nur ein Wort zu schreiben. Ich studierte die Geschichte der Revolution. Ich fühlte mich wie zernichtet unter dem grässlichen Fatalismus[4] der Geschichte. Ich finde in der Menschennatur eine entsetzliche Gleichheit, in den menschlichen Verhältnissen eine unabwendbare Gewalt, allen und keinem verliehen. Der Einzelne nur Schaum auf der Welle, die Größe ein bloßer Zufall, die Herrschaft des Genies ein Puppenspiel, ein lächerliches Ringen gegen ein ehernes Gesetz, es zu erkennen das Höchste, es zu beherrschen unmöglich. Es fällt mir nicht mehr ein, vor den Paradegäulen und Eckstehern der Geschichte mich zu bücken. Ich gewöhnte mein Auge ans Blut. Aber ich bin kein Guillotinenmesser. Das *muss* ist eins von den Verdammungsworten, womit der Mensch getauft worden. Der Ausspruch: Es muss ja Ärgernis kommen, aber wehe dem, durch den es kommt[5], – ist schauderhaft. Was ist das, was in uns lügt, mordet, stiehlt? Ich mag dem Gedanken nicht weiter nachgehen. Könnte ich aber dies kalte und gemarterte Herz an deine Brust legen! [...]

[1] *Büchner bezieht sich hier auf den Sturm auf die Frankfurter Hauptwache vom 3. April 1833, dessen Ziel die Ausrufung Deutschlands zur Republik war. Der Sturm wurde vom Militär niedergeschlagen.*
[2] *Begriffsstutziger Mensch.*
[3] *Wickelschnur (auch: Wickelband) verwendete man im 19. Jahrhundert, um kleinen Kindern in den ersten Lebenswochen Halt zu geben.*
[4] *Fatalismus: Geschichtsauffassung, nach der der geschichtliche Verlauf abhängig ist von Gesetzmäßigkeiten, die der Einzelne nicht bestimmen kann.*
[5] *Vgl. NT Lukas 17,1 und Matthäus 18,7: „Es muss ja Ärgernis kommen; doch wehe dem Menschen, durch welchen Ärgernis kommt!"*

Aus: Georg Büchner: Dantons Tod, Stuttgart/Leipzig: Ernst Klett Verlag 2007, Klett Editionen, S. 90ff.

1 Analysieren Sie Büchners Geschichtsauffassung anhand der beiden Briefe.

2 Überprüfen Sie, inwieweit sich die ermittelte Geschichtsauffassung in Büchners Schauspiel „Dantons Tod" widerspiegelt.

NAME:

DATUM / KURS:

Arbeitsschritte zum Verfassen eines Interpretationsaufsatzes zu einem dramatischen Text

1. Erstes Textverständnis festhalten – Aufgabenstellung erfassen

- erste Eindrücke zu den Texten notieren
- Handlungsanweisungen (Operatoren) erkennen
- Teilaspekte der Aufgabe und ihre Gewichtung bewusst machen
- Verstehenshypothese notieren

2. Text aspektorientiert untersuchen

- Thesen der Texte erfassen
- Argumentationsgang untersuchen
- sprachliche Gestaltung untersuchen
- Thesen zur Textdeutung formulieren

3. Eigenständige Position erarbeiten

- Vergleichsaspekte zwischen den Briefen und dem Drama festlegen
- Beispiele im Drama suchen
- Fazit aus den Untersuchungsergebnissen ziehen

4. Gliederung erstellen

- Ergebnisse einordnen
- Argumentationsgang festlegen
- ausführliche Notizen zu Einleitung, Hauptteil, Schluss anfertigen

5. Klausur schreiben

- These entfalten
- sachlich und präzise formulieren
- Fachbegriffe verwenden
- passende Zitate einbauen und korrekt nachweisen

6. Klausur überarbeiten

- in drei gesonderten Durchgängen prüfen:
  - sprachliche Richtigkeit
  - sachliche Richtigkeit
  - Aufbau und Kohärenz

NAME:
DATUM / KURS:

Klausurvorschlag für die Lehrkraft

Georg Büchner: Dantons Tod, IV, 5. Die Conciergerie

Danton an einem Fenster, was in das nächste Zimmer geht. Camille, Philippeau, Lacroix, Hérault.

CAMILLE *für sich.* Der Himmel verhelf' ihr zu einer behaglichen fixen Idee. Die allgemeinen fixen Ideen, welche man die gesunde Vernunft tauft, sind unerträglich langweilig. Der glücklichste Mensch war der, welcher sich einbilden konnte, dass er Gott Vater, Sohn und Heiliger Geist sei.

[...]

LACROIX. Nichts beweist mehr, dass Robespierre ein Nero[1] ist, als der Umstand, dass er gegen Camille nie freundlicher war, als 2 Tage vor dessen Verhaftung. Ist es nicht so, Camille?

CAMILLE Meinetwegen, was geht das mich an? – *Für sich.* Was sie aus dem Wahnsinn ein reizendes Kind geboren hat! Warum muss ich jetzt fort? Wir hätten zusammen mit ihm gelacht, es gewiegt und geküsst.

DANTON Wenn einmal die Geschichte ihre Grüfte öffnet, kann der Despotismus noch immer an dem Duft unsrer Leichen ersticken.

HÉRAULT Wir stanken bei Lebzeiten schon hinlänglich.

Das sind Phrasen für die Nachwelt, nicht wahr, Danton; uns gehn sie eigentlich nichts an.

CAMILLE Er zieht ein Gesicht, als solle es versteinern und von der Nachwelt als Antike ausgegraben werden.

Das verlohnt sich auch der Mühe Mäulchen zu machen und Rot aufzulegen und mit einem guten Akzent zu sprechen; wir sollten einmal die Masken abnehmen, wir sähen dann wie in einem Zimmer mit Spiegeln, überall nur den einen uralten, zahllosen, unverwüstlichen Schafskopf, nichts mehr, nichts weniger. Die Unterschiede sind so groß nicht, wir alle sind Schurken und Engel, Dummköpfe und Genies, und zwar das alles in einem: die vier Dinge finden Platz genug in dem nämlichen Körper, sie sind nicht so breit, als man sich einbildet. Schlafen, verdaun, Kinder machen – das treiben alle, die übrigen Dinge sind nur Variationen aus verschiedenen Tonarten über das nämliche Thema. Da braucht man sich auf die Zehen zu stellen und Gesichter zu schneiden, da braucht man sich voreinander zu genieren! Wir haben uns alle am nämlichen Tische krank gegessen und haben Leibgrimmen; was haltet Ihr Euch die Servietten vor das Gesicht? Schreit nur und greint[2], wie es euch ankommt! Schneidet nur keine so tugendhafte und so witzige und so heroische und so geniale Grimassen, wir kennen uns ja einander, spart euch die Mühe!

HÉRAULT Ja Camille, wir wollen uns beieinander setzen und schreien, nichts dummer als die Lippen zusammenzupressen, wenn einem was weh tut.

Griechen und Götter schrien, Römer und Stoiker machten die heroische Fratze.

DANTON Die einen waren so gut Epicuräer wie die andern. Sie machten sich ein ganz behagliches Selbstgefühl zurecht. Es ist nicht so übel, seine Toga zu drapieren und sich umzusehen, ob man einen langen Schatten wirft. Was sollen wir uns zerren? Ob wir uns nun Lorbeerblätter, Rosenkränze oder Weinlaub vor die Scham binden, oder das hässliche Ding offen tragen und es uns von den Hunden lecken lassen?

PHILIPPEAU Meine Freunde man braucht gerade nicht hoch über der Erde zu stehen, um von all dem wirren Schwanken und Flimmern nichts mehr zu sehen und die Augen von einigen großen, göttlichen Linien erfüllt zu haben. Es gibt ein Ohr für welches das Ineinanderschreien und der Zeter, die uns betäuben, ein Strom von Harmonien sind.

DANTON Aber wir sind die armen Musikanten und unsere Körper die Instrumente.

[1] *Anspielung darauf, dass Nero vor Ermordung seiner Mutter ihr mit Freundlichkeit begegnet sei.*
[2] *Weinen, klagen, jammern.*

Aus: Georg Büchner: Dantons Tod, Stuttgart/Leipzig: Ernst Klett Verlag 2007, Klett Editionen, S. 71 f.

1 Interpretieren Sie die Szene im Kontext des Dramas.

2 Vergleichen Sie die Sicht auf den Tod mit „Homo faber“ und „Agnes“.

NAME:

DATUM / KURS:

Kriterienkatalog für die Bewertung

Teilleistungen – Kriterien

a) inhaltliche Lösung 1. Teilaufgabe:

	Anforderungen	Lösungsqualität	
	Die Schülerin/Der Schüler	**Max. P.**	**Err. P.**
1	**nennt** Autor, Textsorte, Titel und Erscheinungstermin des Textes.	2 (I)	
2	**benennt** das Thema der Ganzschrift und erstellt den Kontext der vorangegangenen Handlung (Ort und Zeit der Handlung) *Das Drama schildert die letzten Wochen Dantons, eines führenden Vertreters der Französischen Revolution, und seiner Anhänger.*	2 (I)	
3	**beschreibt** die wichtigsten Handlungsvoraussetzungen *Danton, des blutigen politischen Geschehens überdrüssig geworden, zweifelt an der Sinnhaftigkeit jedweden politischen Handelns. Dem Bemühen seines politischen Feindes Robespierre, ihn zu vernichten, setzt er keine ernsthaften Anstrengungen entgegen.*	3 (II)	
4	**ordnet** die Textpassage zutreffend in den Kontext des Dramas ein *Die Szene gibt die letzten Gespräche der Gefangenen vor ihrer Hinrichtung wieder.*	3 (II)	
5	**formuliert** eine Deutungsthese *Angesichts des bevorstehenden Todes äußern sich die Gefangenen noch einmal über ihre Einstellung zu Leben und Tod. Der Eindruck von Sinnlosigkeit und Vergänglichkeit steht dabei im Vordergrund.*	4 (II)	
6	**erläutert** die zentralen Aussagen im Text • *Camille steht unter dem Eindruck von Luciles Wahnsinn, er wendet diesen Wahnsinn ins Positive um.* • *Lacroix durchschaut Robespierres Scheinheiligkeit.* • *Danton ist überzeugt von seinem Nachruhm.* • *Hérault hält Danton seine Phrasenhaftigkeit vor und glaubt Wirkung über den Tod hinaus.* • *Camille wirft Danton Heroisierung vor, er verweist im Gegenzug auf die Gleichheit aller Menschen hinter den Masken und lehnt alle Heroisierung ab.* • *Hérault plädiert dafür, die Angst vor dem Tod offen zu äußern. Als Beleg dienen ihm die Griechen und ihre Götter.* • *Danton wehrt ab – für ihn gibt es im Grunde keinen Unterschied zwischen den Lebenseinstellungen der Epikuräer und der Stoiker. Er ist in seiner Grundeinstellung zum Leben nihilistisch.* • *Philippeaus Glauben an eine göttliche Weltordnung hält Danton seine materialistische Auffassung der Weltordnung entgegen.*	6 (II)	
7	**setzt** Haltung und Aussagen der Figuren **in Beziehung** zu der bish. Dramenhandlung • *Dantons Resignation hat sich bestätigt.* • *Camille trauert um Lucile; dass er von Robespierre verraten wurde, spielt für ihn keine Rolle mehr.* • *Hérault zeigt sich souverän und einsichtsvoll – er vermag die Mitgefangenen zu trösten.* • *Allein Philippeau findet zu einem neuen Glauben, wird aber von den anderen nicht ernst genommen.*	4 (II)	
8	**beschreibt** die Stimmung/ Atmosphäre der Szene • *resignativ und doch gewitzt* • *realistisch, materialistisch* • *gegenseitige Bestärkung im Glauben an das Nichts*	2 (II)	
9	**analysiert** die sprachl. Besonderheiten und Stilmittel im funktionalen Zusammenhang *Antithesen, Metaphern, Aufzählungen, rhetorische Fragen, Interjektionen*	8 (II)	
10	**erklärt/erläutert** einige der Bilder	6 (II)	
11	erfüllt (ein) andere(s) aufgabenbezogene(s) Kriterium/Kriterien.	Alt.: 5	
	Teilsumme inhaltliche Lösung Aufgabe 1	40	

NAME:

DATUM / KURS:

b) inhaltliche Lösung 2. Teilaufgabe:

12	**führt** mit einer Einleitung kurz in diesen zweiten Klausurteil **ein**	**2 (II)**	
13	**fasst** die Sicht der Personen auf den Tod **zusammen** • *Danton verhält sich passiv, versucht nicht, sein Schicksal zu ändern, der drohende Tod schreckt ihn nicht.* • *Walter Faber lässt den Gedanken an seinen Tod lange nicht zu, erst der Tod Sabeths bringt ihn dazu, sich mit einem eigenen Sterben auseinanderzusetzen.* • *Ich-Erzähler in „Agnes“ versucht, Agnes' Tod zu verdrängen und sein Leben weiterzuführen wie bisher.*	**8 (II)**	
14	**erörtert** das Verhalten der Personen • *Die Erfahrung von Sterben und Tod ist für Walter Faber Anlass, seine bisherige Lebenseinstellung infrage zu stellen und zu verändern. Danton dagegen durchläuft keine Entwicklung – Resignation und latenter Todeswunsch gehören zu seiner vielschichtigen, innerlich zerrissenen Persönlichkeit. Das Stück endet mit seiner Hinrichtung, weil er sein Schicksal von Anfang an so angenommen hat.* • *Der Ich-Erzähler in „Agnes“ wirkt in seiner Abwehr von Tod und Vergänglichkeit unreif.*	**12 (III)**	
15	**belegt** seine Aussagen mit aussagekräftigen Verweisen auf die Texte	**4 (II)**	
16	**beurteilt** das Verhalten der Personen *Von allen drei Protagonisten ist Danton bei weitem die komplexeste Persönlichkeit mit seiner dialektischen Sicht auf die Verhältnisse. Walter Faber lernt durch die Ereignisse eine neue Weltsicht, während der Ich-Erzähler in „Agnes“ sich neuen Einsichten und damit dem Wachsen seiner Persönlichkeit verweigert.*	**6 (III)**	
17	**erfüllt (ein) andere(s) aufgabenbezogene(s) Kriterium/Kriterien.**	**Alt.: 5**	
	Teilsumme inhaltliche Lösung Aufgabe 2	**32**	

c) Darstellungsleistung

18	**strukturiert ihren/seinen Text kohärent, schlüssig, stringent und gedanklich klar:** • angemessene Gewichtung der Teilaufgaben in der Durchführung • gegliederte und angemessen gewichtete Anlage der Arbeit • schlüssige Verbindung der einzelnen Arbeitsschritte • schlüssige gedankliche Verknüpfung von Sätzen	**6**	
19	**formuliert unter Beachtung der fachsprachl. und -methodischen Anforderungen:** • Trennung von Handlungs- und Metaebene • begründeter Bezug von beschreibenden … und wertenden Aussagen • Verwendung von Fachtermini in sinnvollem Zusammenhang • Beachtung der Tempora • korrekte Redewiedergabe (Modalität)	**6**	
20	**belegt Aussagen durch angemessenes und korrektes Zitieren:** • *sinnvoller Gebrauch von vollständigen … Zitaten in begründender Funktion*	**3**	
21	**drückt sich allgemeinsprachlich präzise, stilistisch sicher und begrifflich differenziert aus:** • schriftlich-distanzierte Schreibweise • Schriftsprachlichkeit • begrifflich abstrakte Ausdrucksfähigkeit	**5**	
22	**formuliert lexikalisch und syntaktisch sicher, variabel und komplex** (zugleich klar).	**5**	
23	**schreibt sprachlich richtig.**	**3**	
	Gesamtsumme Darstellungsleistung	**28**	

d) Gesamtergebnis:

Summe a) und b) inhaltliche Lösung	**72**	
Summe c) Darstellungsleistung	**28**	
Summe a), b) und c)	**100**	

_______________, den ___________ Die Klausur wird mit der Note ___________ bewertet.

Bemerkungen:

NAME:

DATUM / KURS:

Analyse und Interpretation Georg Büchner: Dantons Tod

1 Vorbemerkungen zum Stück

Im Januar 1835 verfasste Georg Büchner (1813–1837) sein erstes Drama „Dantons Tod“ nach eigenen Aussagen „in höchstens fünf Wochen“. Der damalige Medizinstudent schrieb im Darmstädter Elternhaus heimlich und unter Druck, drohte ihm doch aufgrund der Veröffentlichung der revolutionären Flugschrift „Der Hessische Landbote“ die Verhaftung. Er schickte das Manuskript an Karl Gutzkow, Schriftsteller und Redakteur eines bedeutenden Literaturblattes, mit der Bitte um rasche Veröffentlichung, weil er Geld brauchte für die geplante Flucht vor den Behörden. Im März floh er schließlich überstürzt nach Straßburg, ab Juni wurde er steckbrieflich gesucht wegen der „Teilnahme an staatsverrätherischen Handlungen“. Ein erster Druck erschien noch im selben Jahr, allerdings mit dem verfälschenden Untertitel „Dramatische Bilder aus Frankreichs Schreckensherrschaft“. Das Stück konnte die strenge Zensur im Deutschen Bund jedoch nur deshalb passieren, weil Gutzkow an zahlreichen Stellen die nach damaligen Vorstellungen drastisch-derbe Darstellung abgemildert hatte. Nach Büchners frühem Tod gerieten seine Werke rasch in Vergessenheit – „Dantons Tod“ wurde erst am 5. Januar 1902 in Berlin uraufgeführt.

2 Inhalt

Beim ersten Lesen macht das Drama einen szenisch locker gereihten Eindruck. Der Inhalt scheint wenig greifbar, da die Handlung keiner zielgerichteten Spannnungsdramaturgie gehorcht. Bei genauerem Hinsehen aber lässt sich ein Geschehen erkennen, das in seiner zeitlichen Abfolge klar nachvollziehbar ist.

I. Akt

Das Stück beginnt in einem Spielsalon des Palais-Royal und entwickelt bereits hier das gesamte Programm Dantons und seiner Freunde im Kontrast zu dem Robespierres. Dantons Freunde wollen die Revolution beenden und die Republik einführen. Die Rechtssicherheit soll wiederhergestellt und das Recht auf individuelle Freiheit festgeschrieben werden. Dantons Anhänger erwarten, dass er den Angriff im Konvent führt, d.h. dort für seine politischen Vorstellungen kämpft. Doch Danton hat die politischen Auseinandersetzungen satt. Er sitzt lieber bei den Huren von Paris und liefert damit Robespierre und dem Volk einen Vorwand, ihn der Lasterhaftigkeit zu bezichtigen.

Kurz bevor Robespierre im Jakobinerklub (I,3) die zurückliegenden Hinrichtungen verteidigt und die Vernichtung Dantons fordert (ohne vorerst konkrete Namen zu nennen), offenbart sich auf der Straße (I,2) das materielle und geistige Elend des Volkes. Die Stimmung ist aufgeheizt, die Bürger verhalten sich radikal, Lynchjustiz liegt in der Luft. Die soziale Misere steht in auffälligem Kontrast zur Genussliebe und Frivolität der Dantonisten. Robespierre, der als der „Unbestechliche“ einen tadellosen Ruf beim Volk hat, nutzt diese Stimmung für sich und fordert, dass die Tugend durch den Schrecken herrschen muss (I,3).

Da seine Anhänger ihn drängen, findet Danton sich zu einem Treffen mit Robespierre bereit. Dabei werden die unversöhnlichen Positionen der beiden Fraktionen deutlich. Immerhin gelingt es Danton, bei Robespierre vorübergehende Zweifel wachzurufen („Ich weiß nicht, was in mir das Andere belügt.“ I,6). Doch sein hinzukommender Gesinnungsfreund St. Just kann sie beseitigen, indem er seine Entschlossenheit demonstriert. Er will nicht nur Danton, sondern auch dessen gesamte Anhängerschaft liquidieren lassen. Die Namen der Delinquenten werden genannt. In der Abschlussszene sieht sich Robespierre in umgekehrter Analogie zu Christus als „Blutmessias, der opfert und nicht geopfert wird“ (I,6).

II. Akt

Danton wird von seinen Freunden gedrängt, zu handeln oder wenigstens zu fliehen. Beides vermag Danton nicht. Sein Überdruss und Weltekel hindern ihn an jeder Entscheidung. Außerdem ist er überzeugt davon, dass es die Jakobiner nicht wagen werden, ihn zu verhaften. Einen halbherzigen Fluchtversuch bricht er ab, weil ihn sein politisches Gewissen plagt: „Mir gibt das Grab mehr Sicherheit, es schafft mir wenigstens *Vergessen*“ (II,4).

In der anschließenden Szene in Dantons Wohnung (II,5) erfährt man den Grund für seine Gewissensbisse. Am Fenster stehend meint er zu vernehmen, wie es durch alle Straßen schreit: „September!“ Die brutalen Gefangenenmorde vom September 1792, die er zu verantworten hat, bedrücken ihn. Seiner Frau Julie, mit der ihn eine innige Beziehung verbindet (vgl. I,1), gelingt es, ihn zu beruhigen: „Du hast das Vaterland gerettet.“ Danton richtet sich auf an dem Gedanken, dass es einen geschichtlichen Fatalismus gebe, gegen den man machtlos sei: „Wer will der Hand fluchen, auf die der Fluch des Muss gefallen?“

Noch in der gleichen Nacht wird Danton verhaftet. Im Nationalkonvent fordert Legendre vergeblich die Verteidigung Dantons vor dem Konvent. Robespierre spricht Danton alle Privilegien ab und St. Just rechtfertigt die Verhaftungen in einer enthusiastisch bejubelten Rede (II,7). Er verteidigt die absolute Gleichheit, setzt den Geschichtsprozess dem Naturverlauf gleich und sieht sich selbst als Werkzeug des Weltgeistes.

In II,3 legt Büchner seine eigene Kunstauffassung Dantons Freund Camille in den Mund. Er verspottet die Ideendramen der Klassiker (gemeint sind damit vor allem die idealistischen Dramen Schillers) und setzt sich für eine realistische Abbildung der Wirklichkeit ein. Die idealisierende Darstellung der Realität ist für ihn unfruchtbar und geht an der „glühenden, brausenden, leuchtenden Schöpfung" vorbei.

III. Akt

Ab der Mitte des Stückes werden dem Zuschauer Danton und seine Anhänger nur mehr als Gefangene im Palais Luxemburg begegnen, das während der Revolution als Gefängnis diente. Danton erhält zweimal die Möglichkeit, sich vor dem Revolutionstribunal zu verteidigen (III,4 und III,9). Ein letztes Mal tritt Danton in der Pose des kraftstrotzenden Meinungsführers auf. Er stellt seine Verdienste für die Revolution heraus, prophezeit die Diktatur und klagt Robespierre und St. Just des Hochverrats an. Dafür erhält er lauten Beifall und in III,10 lässt ihn das Volk zunächst hochleben.

Da die Stimmung zu kippen droht, bedarf es einiger Finten, um das Tribunal zu überzeugen. Der öffentliche Ankläger schreckt nicht vor Rechtsbruch zurück, der Präsident manipuliert die Zusammensetzung der Geschworenen und im Wohlfahrtsausschuss treibt St. Just, der nun zur maßgeblichen politischen Figur wird, die Mitglieder an, notfalls das Recht zu verletzen: „Sie müssen weg" (III,6). Es gelingt ihm schließlich, eine Denunziation für seine Zwecke zu nutzen.

Die Gespräche der Gefangenen kreisen derweil um philosophische und existenzielle Fragen. Auch die Existenz oder Nicht-Existenz Gottes wird eingehend diskutiert (III,1). Danton bekennt sich zu Atheismus und Nihilismus. Dennoch befällt ihn Angst angesichts des bevorstehenden Todes, da er fürchtet, ohne Julie keine Ruhe zu finden (III,7).

IV. Akt

Im Zentrum des letzten Aktes stehen neben den Gefangenen Julie und Lucile, die Frauen von Danton und Camille. Julie lässt Danton eine Haarlocke zukommen als Zeichen ihrer Verbundenheit und tötet sich selbst (IV,6). Sie will Danton im Tode nicht warten lassen. Lucile wird beim Gedanken an den Verlust des Geliebten fast wahnsinnig (IV,4), entscheidet sich aber zuletzt, mit einer spektakulären Aktion ihm in den Tod zu folgen. Indem sie ausruft „Es lebe der König!", provoziert sie Verhaftung und Tod (IV,9). In beiden Fällen zeigt sich damit die Liebe stärker als die mechanische Vernichtungsstrategie der Politik.

In scharfem Kontrast dazu stehen das Machtkalkül und der Zynismus der Jakobiner (vgl. IV,2) sowie die Gleichgültigkeit des Volkes. Auf dem Richtplatz herrscht Feststimmung, als die Verhafteten vor ihren Henker treten (IV,7). Ungerührt stellt eine Frau aus dem Volk fest: „Ja man muss die Leute in allen Verhältnissen sehen, es ist recht gut, dass das Sterben so öffentlich wird." (IV,8)

3 Die Hauptfiguren

3.1 Danton

Danton ist, obwohl er nicht als mitreißender und gefährlicher Revolutionär der ersten Stunde gezeigt wird, Dreh- und Angelpunkt der Handlung. Es gibt keine von ihm abgelöste oder nicht auf ihn bezogene Handlung. Dies trägt trotz der vielen Einzelszenen erheblich zur Geschlossenheit des Dramas bei.

Büchners Stück zeigt Danton nicht auf dem Höhepunkt seiner Wirkung, sondern ermattet und müde geworden in den letzten neun Tagen seines Lebens. Eben darin liegt die große Anziehungskraft der Figur bis heute – die Figur wirkt modern, da sie äußerst facettenreich und widersprüchlich angelegt ist, reflektierend und zweifelnd, aber vital selbst noch im Untergang. Folglich ist es auch gar nicht einfach, ihre Motive auf einen Punkt zu bringen.

Offensichtlich ist, dass Danton mit seinem zögerlichen Handeln selbst seinen Untergang mit herbeiführt. Die Mitstreiter finden in ihm nicht mehr die gewohnte Energie und Tatkraft. Er gibt sich distanziert und gelangweilt und treibt sich lieber in den Pariser Spielsalons oder bei Prostituierten herum, als seinen Kopf zu retten. Wird ihm seine Untätigkeit vorgeworfen, pariert er mit witzigen Sentenzen. Dabei ist er längst von Todesahnungen durchdrungen.

Motive für Dantons Passivität gibt es viele. Da ist zunächst einmal die (irrige) Annahme, dass die Jakobiner es nicht wagen würden, ihn aufs Schafott zu führen (vgl. I. Akt und noch II,4). Entscheidender noch ist, dass er nicht mehr an den Sinn der Geschichte glaubt und damit auch nicht mehr an sinnvolles politisches Handeln. Die „Septembermorde", die sein Gewissen belasten (II,5), haben ihm die Grausamkeit der Revolution vor Augen geführt. Das wagt er sich aber nur privat einzugestehen. Vor dem Revolutionstribunal jedoch setzt er sich noch einmal als Revolutionär in Szene und prahlt wider besseres Wissen mit seinem Handeln: „Ich habe im September die junge Brut der Revolution mit den zerstückten Leibern der Aristokraten geätzt." (III,4). Doch stellt er andererseits seine Verantwortung infrage, wenn er sich auf die Position des Fatalisten zurückzieht und sich als „Puppe" sieht, die „von unbekannten Gewalten am Draht gezogen" werde (II,5).

In der Fähigkeit, widersprüchliche Standpunkte einzunehmen, mehr Fragen stellen zu können, als Antworten zu geben, genau darin liegt die Modernität der Figur Danton. „Wir wissen wenig voneinander" (I,1), beklagt er und räsonniert über die

Unvollkommenheit des Menschen: „Ich hab es satt, wozu sollen wir Menschen miteinander kämpfen? Wir sollten uns nebeneinander setzen und Ruhe haben. Es wurde ein Fehler gemacht, wie wir geschaffen worden, es fehlt uns was." (II,1) Die hier sichtbar werdende Skepsis und Verzweiflung lassen ihn hoffen, dass der Tod Ruhe und Genesung bringt, was er, wie es seine Art ist, auf verschiedene Weise zum Ausdruck bringt. Mal ernsthaft und aufrichtig: „Das Leben ist mir zur Last, man mag mir es entreißen, ich sehne mich danach, es abzuschütteln" (III,4), mal gewitzt scharfsinnig: „Die Guillotine ist der beste Arzt." (IV,7). Seine Wendung „Julie, ich liebe dich wie das Grab" (I,1), die seine Frau entsetzt, kann man als ernste Aussage verstehen. Liebe und Tod bilden den tröstlichen Fluchtpunkt. Am Ende des Stücks fallen sie zusammen, da Julie zeitgleich mit ihm in den Tod geht.

Trost wird hier allerdings nicht in einem religiösen Sinn verstanden, sondern meint Vergessen können und zur Ruhe kommen. Denn Danton ist, wie es zu seinem Skeptizismus passt, bekennender „Atheist" (III,7) und Nihilist: „Das Nichts wird bald mein Asyl sein" (III,4).

Danton, der in Bezug auf die Geschichte ein Fatalist ist, hinsichtlich seiner politischen Überlebenschance ein Pessimist und mit Bilck auf das Jenseits ein Nihilist, ist darüber hinaus ein ausgesprochener Genussmensch. Nicht umsonst wirft ihm Robespierre vor: „Er will die Rosse der Revolution am Bordell halten machen." (I,6) Sein Genussprinzip kann als Gegenentwurf zu Robespierres Tugendkonzept interpretiert werden. Danton leugnet jede Art von Ideologie und höherer Moral: „Es gibt nur Epicuräer und zwar grobe und feine [...] Jeder handelt seiner Natur gemäß, d. h. er tut, was ihm wohl tut" (I,6). Er hat sich für die grobe Sinnesart entschieden: „Die Freiheit und eine Hure sind die kosmopolitischsten Dinge unter der Sonne". (IV,5)

Aber auch der Lebensgenuss vermag die Einsamkeit des Individuums letztlich nicht aufzuheben. Als Danton die Grisette Marion fragt: „Warum kann ich deine Schönheit nicht ganz in mich fassen?", gibt sie ihm zur Antwort: „Danton, deine Lippen haben Augen" (I,5), d. h., der Zwang zur andauernden Reflexion verhindert das Aufgehen im vollen Genuss.

Diese Mischung aus politischer und moralischer Libertät, aus Homme à Femmes und Homo Politicus macht die Attraktivität und die Schwäche Dantons aus. „Meine Wohnung", so prophezeit er, „ist bald im Nichts und mein Name im Pantheon der Geschichte" (III,4).

3.2 Robespierre und St. Just

Die Gegenspieler Dantons wissen um seine Stärke und fürchten sie: „Er hat etwas in seiner Gestalt, als ob er die Freiheit notzüchtigen könnte." (III,6) Tatsächlich hat Danton gar nicht unrecht, wenn er sich lange Zeit damit beruhigt, dass seine Gegner nicht den Mut haben werden, ihn festzusetzen. Noch im Gefängnis beteuert er: „Ich dachte nicht, dass sie es wagen würden." (III,1) Robespierre ahnt: „Sie werden sagen seine gigantische Gestalt hätte zuviel Schatten auf mich geworfen, ich hätte ihn deswegen aus der Sonne gehen geheißen." (I,6)

Büchner hat Robespierre vor allem als Gegenentwurf zu Danton konstruiert. Dantons Passivität steht Robespierres Entschlossenheit gegenüber, dessen Genussstreben seine Askese, dessen Leidenschaft sein Kalkül. Robespierre erkennt zwar die Notwendigkeit einer „sozialen Revolution" (I,6), aber nicht anders als Danton versäumt er es, Maßnahmen zur Linderung der sozialen Not durchzuführen. Stattdessen setzt er die Strategie der Terreur gegen seine politischen Feinde durch. Nach der Beseitigung der linksradikalen Hébertisten (I,1) fordert er die Liquidierung der gemäßigten Dantonisten.

Vor dem Konvent und in den Hinterzimmern der Macht werden die Verhältnisse für die Zwecke der Tugendherrschaft manipuliert. Man unterstellt Danton Zusammenarbeit mit der Monarchie (I,3) und konspirative Tätigkeit (III,6). Das Recht wird so gebogen und gebrochen, bis Danton, der ohnehin innerlich schon aufgegeben hat, untergehen muss. Darüber hinaus erweisen sich Robespierre und St. Just als mitreißende Redner, denen es gelingt, ihre Zuhörer in enthusiastischen Beifall ausbrechen zu lassen. Ihre großen Reden (I,3 und II,7), die Büchner den Originalreden streng nachgebildet hat, zeigen sie als gewiefte Rhetoriker. Robespierre, ohnehin schon legitimiert durch seine „Unbestechlichkeit" und sein tugendhaftes Benehmen, überzeugt die Delegierten davon, dass der Zweck die Mittel heiligte und dass die Revolutionsregierung nur mittels des Schreckens herrschen könne: „Die Waffe der Republik ist der Schrecken, die Kraft der Republik ist die Tugend." (I,3) Nach seiner Logik ist derjenige, der wie die Dantonisten Erbarmen fordert, lasterhaft und schwach, da er die Sache der Revolution gefährdet.

St. Just bemüht sich erst gar nicht, in seiner Rede die angeblichen Verbrechen Dantons aufzuzählen. Skrupelloser Ideologe, der er ist, stellt er die Revolution als gewaltiges Naturereignis dar, dem sich niemand in den Weg stellen könne (II,7). Die Revolution schreitet voran, der Mensch ist nur ein Organ des Weltgeistes, der seine Ideen gegen alle Widerstände gleichgültig durchsetzt: „Soll die moralische Natur in ihren Revolutionen mehr Rücksicht nehmen, als die physische? Soll eine Idee nicht ebenso gut wie ein Gesetz der Physik vernichten dürfen, was sich ihr widersetzt?" (II,7) Dass Menschen der Idee der Revolution geopfert werden, ist für den Ideologen St. Just nur logisch – der Mensch ist nichts, die Idee alles.

Seinen letzten Auftritt hat Robespierre noch vor Beendigung der ersten Hälfte des Stückes in II,7. Seine zunehmende politische Isolierung wird an der Figur Barrère manifest, der das am 9. Thermidor umgesetzte Komplott gegen Robespierre in Gang setzt: „Robespierre will aus der Revolution einen Hörsaal für Moral machen und die Guillotine als Katheder gebrauchen." (III,6)

3.3 Die Frauenfiguren

In Bezug auf die Frauenfiguren weicht Büchner stark von den historischen Vorbildern ab, während er sich sonst eng an die geschichtlichen Personen gehalten hat und sein Drama nach eigenen Aussagen „wie ein geschichtliches Gemälde [betrachtet], das seinem Original gleichen muss" (Brief an die Eltern vom 5. Mai 1835). Die reale Julie hieß Louise und heiratete nach dem Tod ihres Mannes erneut. Die reale Lucile wurde auf die Denunziation Laflottes hin verhaftet, verurteilt und schließlich guillotiniert.

Die Ehefrauen Julie und Lucile begegnen sich in keiner Szene, Büchner hat als sie Parallelfiguren angelegt. In beiden spiegelt sich die Menschlichkeit und Liebesfähigkeit der Revolutionäre Danton und Camille; beide folgen am Ende ihren Männern aus Liebe in den Tod. Ihr Blick auf die Geschichte ist vollkommen unpolitisch, nur von der Sorge um ihre Ehemänner getragen.

In ihren Reaktionen unterscheiden sie sich allerdings deutlich: Lucile (ver)rückt den Anblick des todgeweihten Camille (IV,4) in eine Metapher, um ihn besser ertragen zu können: „du machst mich lachen mit dem langen Steinrock und der eisernen Maske vor dem Gesicht." Wie eine Figur aus der Romantik verwandelt sie die Wirklichkeit in subjektives Erleben. An der Vorstellung des Sterbens scheitert ihr Verstand. Julie dagegen handelt stoisch und gefasst (IV,6) und steht damit eher in der Tradition der Klassik.

Danton und Camille kennen neben der romantischen auch die käufliche Liebe. Die Grisetten von Paris sind in vielen Szenen gegenwärtig, selbst zum Schafott begleiten sie ihre ehemaligen Kunden (IV,7). Eine der Grisetten, Marion, erzählt ihre Lebensgeschichte Danton (I,5). Ganz Natur, „sehr reizbar" und „immer nur Eins" verkörpert sie die Utopie von freier Liebe mit freier Partnerwahl. Im Gegensatz zu Lucile und Julie, deren Leben auf einen einzigen Geliebten gerichtet ist, verschmelzen für Marion alle Männer „in einen Leib" (S. 19). Doch sie bezahlt einen hohen Preis: Ihr Geliebter begeht Selbstmord, weil er ihre Freizügigkeit im Umgang mit Männern nicht erträgt. Somit bleibt ihre Utopie ein fragwürdiges Ideal.

4 Aufbau und Struktur des Dramas

Umstritten ist, ob „Dantons Tod" zum offenen oder geschlossenen Drama gezählt werden kann. Unter dem geschlossenen Dramentyp versteht man die Tragödien der französischen und der deutschen Klassiker, die der Poetik des Aristoteles entsprechen, indem sie eine geschlossene Handlung an wenigen Schauplätzen in einer überschaubaren Zeit dramatisieren. Dem offenen Dramentyp werden hauptsächlich die Stücke des Sturm und Drang zugeordnet, die sich am Vorbild Shakespeares orientieren und die Einheit von Ort und Zeit vernachlässigen.

Häufig wird die Meinung vertreten, dass es sich bei „Dantons Tod" um ein offenes Drama handele. Dagegen spricht aber, dass es wie die klassizistische Dramenform eine gewisse Einheit von Ort, Zeit und Handlung aufweist. In puncto Personen, Sprache, Gattung weicht es jedoch deutlich von den geschlossenen Dramen ab. Man hat daher vorgeschlagen, „Dantons Tod" als ein Übergangsdrama an der Wende zur Moderne zu bezeichnen.

Die Szenen in „Dantons Tod" sind zeitlich eng miteinander verbunden und folgen sowohl kausal als auch chronologisch aufeinander. Am Ende einer Szene wird meist schon die nächste angekündigt (z. B. die Szenenanschlüsse von I,2 bis I,6).

Allerdings gehorcht der Fortgang der Handlung keiner Spannungsdramaturgie, sondern ist eher statisch. Von Beginn an ist die Handlung auf den unabwendbaren Tod Dantons gerichtet. Daher hat man auch scharfsinnig angemerkt, die vier Akte des Dramas glichen dem letzten fünften Akt einer klassischen Tragödie. Ob es sich um eine Tragödie handelt, darf dabei bezweifelt werden. Der tragische Untergang eines Helden liegt nicht vor. Allenfalls das tragische Scheitern einer Revolution, die sich am Ende selbst vernichtet.

5 Zeit- und Raumgestaltung

Die Zeit, die hier die Eigendynamik der Geschichte meint, hat die handelnden Personen fest im Griff. Danton möchte gern diesen Handlungszwängen entfliehen, denen der geschichtlich Handelnde unterliegt. Die von ihm herbeigesehnte Zeitenthobenheit stellt sich jedoch erst im Gefängnis ein, als sein baldiger Tod schon feststeht. Bis dahin folgen die einzelnen Etappen der Anklage und Verhaftung Dantons einem finalen Konzept.

Auch Robespierre ist in der geschichtlichen Zeit gefangen. Für ihn ist die „soziale Revolution noch nicht fertig" (I,6), d. h., die Revolution hat ihren geschichtlich notwendigen Endpunkt noch nicht erreicht. Als St. Just ihm klar macht, dass es auch darum geht, die Dantonisten auf der zeitlichen Ebene zu besiegen („Wir werden den Vorteil des Angriffs verlieren. Willst du noch länger zaudern?" I,6), willigt er ein: „Dann rasch, morgen. Keinen langen Todeskampf!"

Die Orte in „Dantons Tod" strukturieren die Handlung und werden zu symbolischen Räumen der Akteure. Danton und seine Freunde ziehen die privaten Räume vor, diese sind Zeichen ihres Rückzugs aus der Politik und ihres freundschaftlichen intimen Umgangs miteinander.

Robespierre nutzt den Auftritt in der Öffentlichkeit. Der öffentliche Raum ist allerdings aufgrund seiner Bühnenfunktion niemals frei von Pathos und politischem Rollenspiel.

Echtheit und authentisches Sprechen kommen nur an Orten vor, die nicht öffentlich sind. So entsteht die paradoxe Situation, dass ausgerechnet das Gefängnis zum Freiraum für offene Gespräche wird. Nur hier gibt es Freundschaft und wahre Nähe.

6 Sprache

Büchner lässt seine Figuren in Prosa sprechen und mitunter derb und ungeschminkt. Bewusst wendet er sich von den im klassischen Drama üblichen Blankvers ab, lässt also seine Personen nicht „in fünffüßigen Jamben krachen", wie Camille in II,3 die Sprache des klassischen Dramas kritisiert. Sie sprechen in Prosa und derart realistisch und ungeschminkt, dass bei der Erstveröffentlichung des Dramas zahlreiche Eingriffe nötig waren, weil das Stück sonst nicht durch die Zensur gekommen wäre. Der dramatische Dichter sollte Büchners Auffassung nach nichts beschönigen, sondern lieber der Wirklichkeit so nahe wie möglich kommen.

Dennoch handelt es sich in Büchners Drama um kunstvoll gestaltete Sprache. Es findet sich eine große Anzahl von Bildern und Vergleichen, die einen abstrakten Gedanken einprägsam veranschaulichen: „Der Guillotinenthermometer darf nicht fallen" (Lacroix I,4) – „Er will die Rosse der Revolution am Bordell halten machen." (Robespierre über Danton I,6).

Die Sprache spiegelt die Gewöhnung an die Unbarmherzigkeit der Zeit. Metaphern der Gewalt finden sich reichlich im Stück: „Einander kennen? Wir müssten uns die Schädeldecken aufbrechen und die Gedanken einander aus den Hirnfasern zerren." (Danton I,1) – „Wir wollen ihnen die Haut von den Schenkeln ziehen und uns Hosen daraus machen, wir wollen ihnen das Fett auslassen und unsere Suppen mit schmelzen." (Bürger I,2).

Chiffren, Zitate und Anspielungen sind nicht nur Ausweis von Bildung und Distanz, sondern dienen auch der Lebendigkeit („Advokat von Arras" für Robespierre; „Genfer Uhrmacher" für Rousseau).

Die Sprache dient der Charakterisierung einer Figur und zeigt ihre Milieuzugehörigkeit. Dantons Hang zu Ironie, Witz und spontanem Bonmot beweist seine Freiheit und ideologische Unbekümmertheit: „Ich bin eine Reliquie und Reliquien wirft man auf die Gasse." (II,1). Die Dantonisten setzen der abstrakten Sprache und strengen Logik der Ideologen Robespierre und St. Just die Sprache der Anspielungen, der um Erkenntnis ringenden Fragen, der Frivolitäten und eloquenten Rhetorik entgegen. Hérault führt dem Zuschauer gar ein Modell alternativer Kommunikationsstrategie vor, indem er „Liebeserklärungen, wie ein Taubstummer, mit den Fingern" macht (I,1). Diese lautlose Sprache der Liebe verwenden auch Camille und Lucile (II,3).

Das Volk spricht zweideutig und obszön (vgl. I,2 und II,6) mangels anderer sprachlicher Ausdrucksmöglichkeiten. Simon imitiert die Römer (I,2), weil er keine anderen sprachlichen Vorbilder kennt.

7 Themen und Motive

7.1 Darstellung der Revolution

Das Schauspiel setzt wenige Tage nach der Hinrichtung der ultraradikalen Hébertisten ein und endet mit der Hinrichtung von Danton und fünf seiner engsten Anhänger. Der von Büchner gewählte Zeitabschnitt war innerhalb der Geschichte der Französischen Revolution weder ein bedeutender Höhe- oder Wendepunkt, noch stellte er das Ende der Revolution dar.
Die Revolution ist dort angekommen, wo ihr Sinn fragwürdig erscheint. Die unzähligen Opfer haben keine Verbesserung der Lage des Volkes gebracht. Die verheißungsvollen Anfänge (Erklärung der Menschenrechte, Ende der Monarchie, republikanische Verfassung) sind einem resignierten Pessimismus und täglicher Gewalt gewichen. Büchner zeigt anhand seiner beiden Protagonisten unterschiedliche Formen der Reaktion auf die Misere. Danton bezweifelt, dass eine Fortführung der Revolution sinnvoll ist und fordert ein Ende der Hinrichtungen: „Wo die Notwehr aufhört fängt der Mord an, ich sehe keinen Grund, der uns länger zum Töten zwänge." (I,6). Ihn hat die Einsicht in die Sinnlosigkeit der Geschichte zum passiven Akteur, zum Nihilisten und Epikuräer gemacht. Robespierre dagegen verlangt eine Fortsetzung der Revolution, da die Gegner, die mittlerweile den eigenen Reihen entstammen und nicht mehr der Aristokratie, noch nicht beseitigt seien. Erbarmen hält er für Schwäche: „Der Lasterhafte ist der politische Feind der Freiheit." (I,3) – „Das Laster muss bestraft, die Tugend muss durch den Schrecken herrschen." (I,6). Fraglich bleibt dabei, wann eine Revolution an ihr Ende gelangt.

Die Eigendynamik, die die Revolution entfaltet, wird immer wieder im Stück thematisiert. „Wir haben nicht die Revolution, sondern die Revolution hat uns gemacht", bekennt der ohnmächtige Danton (II,1). Diese Vorstellung einer unabwendbaren Gewalt der gesellschaftlichen Verhältnisse, die geradezu schicksalhaft die Menschen bestimmt, hat Büchner in seinem Fatalismusbrief vom März 1834 bereits vorformuliert. Die Erkenntnis, dass der Einzelne wie eine Marionette die historische Notwendigkeit erfüllt (das Muss), lässt Büchner fast wörtlich von Danton (II,5) aussprechen.

7.2 Die Rolle des Volkes

Das Volk, die „große Klasse" (Büchner), ist noch nicht als eigene Schicht mit ausgebildetem Klassenbewusstsein und klaren politischen Zielen ausgestaltet (wie z. B. später die revolutionären Weber in Gerhart Hauptmanns naturalistischem Drama „Die Weber"). Vielmehr erscheint es wie eine amorphe Menge, instrumentalisierbar, wankelmütig, spontan gewaltbereit und dabei unempfindlich angesichts des massenhaften Sterbens. Sein Selbstverständnis bezieht es aus dem Gegensatz zu den Schichten, die Genuss, Reichtum und Bildung kennen: „Totgeschlagen, wer lesen und schreiben kann." (I,2) Daraus leitet es auch seine Berechtigung zu revolutionärer Gewalt ab: Wenn das Volk leidet, darf es keine Privilegien für Revolutionäre geben (I,3 und II,7). Robespierres Wort von der „Masse, die vorwärts drängt" (I,6) lässt sich konkret auf die Macht des Volkes beziehen. – „Das Volk ist materiell elend, das ist ein furchtbarer Hebel", erkennt Lacroix (I,5, S. 22). Die soziale Not und die radikale Bereitschaft des Volkes, die dafür Verantwortlichen ans Messer zu liefern, durchziehen das gesamte Stück. In I,2 soll ein junger Mensch, nur weil er ein Schnupftuch benutzt und sich damit als Angehöriger der oberen Schichten ausweist, „an die Laterne", d. h. gehängt werden. Nur seine Schlagfertigkeit rettet ihm das Leben.

Wie wankelmütig und leicht beeinflussbar das Volk bei der Verteilung seiner Sympathien ist, wird in III,10 demonstriert. Innerhalb weniger Minuten wird aus einem „Es lebe Danton!" ein „Es lebe Robespierre! Nieder mit Danton!" (S. 63 f.) – „Das Volk ist wie ein Kind", urteilt Danton, „es muss alles zerbrechen, um zu sehen was darin steckt" (I,5, S. 22). Ähnlich Robespierre, der das Volk als ein Kind ansieht, das vor sich selbst geschützt werden muss (I,2).

Büchner stellt das Volk in einem Stadium der Unreife dar – er macht sich also wenig Illusionen über das Volk. Unverkennbar ist jedoch sein soziales Mitgefühl, wenn er gleichzeitig zeigt, dass sich für die materielle Not des Volkes keiner von den Revolutionären zuständig fühlt.

7.3 Auf der Bühne – Politik als Theater

Die Theatermetaphorik durchzieht das gesamte Stück. Die Eröffnung in einem Spielsalon suggeriert von Beginn an, dass das Spiel verloren ist bzw. die Würfel gefallen sind. Danton versteht sich dabei als ein Spieler, der spontan aus dem Bauch heraus handelt („Mein Naturell ist einmal so", I,1, S. 8) und Politik, wie Hérault bemerkt, „bloß zum Zeitvertreib" betreibt, „wie man Schach spielt" (I,1, S. 8).

Wenn alles zum Spiel gerät, dann deutet das auf einen Verlust an Wirklichkeit und Wirklichkeitsbewältigung. Der eine Bürger rät dem andern, ins Theater zu gehen (II,2, S. 34), um dort die kühne Stückkonstruktion bewundern zu können, hat derweil aber außerhalb des Theaters Angst vor einer einfachen Pfütze.

Und auch die Revolution selbst ist zur politischen Inszenierung verkommen. Politik wird als Theater, als Mummenschanz und Jahrmarktstreiben vorgeführt: Auf der Gasse wird mit komischem Pathos theatralisch deklamiert (vgl. Simon I,2), man kostümiert sich als Grieche oder Römer. Robespierre inszeniert mit hohlem Pathos und messianischer Attitüde „das erhabne Drama der Revolution" (I,3), und in den Klubs und Ausschüssen wird der Theaterdonner der politischen Klasse aufgeführt (vgl. I,3 und II,7).

Danton entlarvt den Prozess gegen ihn als Schmierentheater und schlechte Komödie und bleibt dabei selbst ein Hasardeur, der mal müde mit dem Tod kokettiert und dann wieder seine großen Auftritte vor dem Tribunal hat. Wenn es um seine Schuld geht, sieht er sich als Puppe „von unbekannten Gewalten am Draht gezogen" (II,5, S. 39).

Am Ende wird die Hinrichtung als öffentliches Spektakel inszeniert. Nach einem Spießrutenlauf durch das Volk, das als willfährige Statisterie Spalier steht und als Zuschauer an der Guillotine so reagiert, wie es im Theater eingeübt wurde („Das war schon einmal da! wie langweilig!", V,7, S. 75), fällt der Vorhang vor der Tragödie erst, wenn der Spaß vorbei ist: „Ach Danton, ich bringe nicht einmal einen Spaß mehr heraus. Da ist's Zeit", schließt Hérault (IV,7, S. 75).

Camille wagt als Einziger unter Dantons Anhängern die Rolle des Spielverderbers: „Wir sollten einmal die Masken abnehmen" (IV,5). Er attackiert die Sucht der Menschen nach „hölzernen Kopien" (II,3, S. 35) und künstlichen Momenten, die die eigentliche „Schöpfung" nicht mehr in ihrer „glühend[en] brausend[en]" Lebendigkeit erkennen lasse. Das aber, so Camille, sei notwendig, denn die Kunst könne zwar lebendig werden, aber nicht fruchtbar, nicht das Leben selbst.

7.4 Hinter der Bühne – Lieben und Sterben

Die Aufhebung des Theaters geschieht allein im Horizont der Liebe und des Todes.

Während alle öffentlichen Handlungen scheitern, gelingt alles Private und wird das Sterben zur Bewährung von Liebe und Freundschaft. Liebe und Tod bilden gemeinsam den Kontrast zur politischen Komödie.

Dabei ist das Sterben im historischen Kontext sinnlos wie das Leben. Auch der Glaube gewährt keinen Trost. Außer Philippeau, der die Ruhe „in Gott" vermutet (III,7), sind alle Gefangenen von der Nichtexistenz Gottes überzeugt. Der Engländer Thomas Payne führt stellvertretend den Beweis (III,1). Als letzte Behausung bleibe nur das Nichts. „Wenn die höchste Ruhe Gott ist, ist nicht das Nichts Gott?" (Danton III,7) – „Die Welt ist das Chaos. Das Nichts ist der zu gebärende Weltgott." (IV,5)

Da Danton aber fürchtet, „etwas kann nicht zu nichts werden!" (III,7), will er nicht alleine in den Tod gehen und lässt Julie die Bitte ausrichten, ihn dorthin zu begleiten. Dantons Leben erfüllt sich schließlich im vereinten Tod mit Julie (III,7). Damit bewahrheitet sich sein Ausspruch zu Beginn des Stücks: „Julie, ich liebe dich wie das Grab." (I,1)

Lucile kommt in der letzten Szene des Stücks, die wie ein Erwachen nach einem rauschhaften Fest oder Schauspiel wirkt, zur Einsicht: „Es ist doch was wie Ernst darin [...] Ich fange an so was zu begreifen. Sterben – Sterben – [...]" (IV,8, S. 75). Sie liefert sich dem Schafott aus, weil sie erkennt, dass sie nur im Tod ihre Liebe bewahren kann. In ihrem Selbstopfer überdauert das Bekenntnis zur Liebe die längst pervertierte Revolution.

Im Sterben wird die Liebe zentral. Dantons letzte Worte an den Henker halten die intime Geste der Liebe dem öffentlich ausgestellten Tod entgegen: „Willst du grausamer sein als der Tod? Kannst du verhindern, dass unsere Köpfe sich auf dem Boden des Korbes küssen?" (IV,7). So gelingt es ihm zumindest im Tod, die Isolation und Einsamkeit zu überwinden.

8 Das Geschichtsdrama

Mit seinem Drama „Dantons Tod" scheint Büchner zwei Forderungen an sich gestellt zu haben: erstens Geschichte zutreffend wiederzugeben und zweitens Geschichte zu verstehen.

8.1 Büchners Quellen

Um das erste Ziel zu erreichen, hat Büchner ein umfassendes Quellenstudium betrieben und sehr genau auf Authentizität und historische Richtigkeit in der Darstellung geachtet. Etwa ein Sechstel des Dramentextes besteht aus wörtlich übernommenen oder leicht abgeänderten Zitaten, entweder aus Originaldokumenten oder späterer Geschichtsschreibung.

Im Klett Editionenheft auf S. 108 f. wird Büchners Montagetechnik an einem Beispiel sichtbar gemacht.

8.2 Die Französische Revolution als Modell

Die Französische Revolution nimmt Büchner als Modell, um das Gelingen bzw. Scheitern der Revolution auch für seine eigene Zeit durchzuspielen. Büchner hat sein Drama zu einem Zeitpunkt verfasst, da er selbst die Hoffnung auf eine baldige politische Umwälzung der Verhältnisse aufgegeben hatte. Dantons passive Haltung spiegelt Büchners eigene Zweifel, als Einzelner Geschichte verändern zu können: „Ich glaube, man muss in sozialen Dingen […] die Bildung eines neuen geistigen Lebens im Volk suchen und die abgelebte moderne Gesellschaft zum Teufel gehen lassen. […] Das ganze Leben [derselben] besteht nur in Versuchen, sich die ‚entsetzlichste Langeweile zu vertreiben'. Sie mag aussterben, das ist das einzig Neue, was sie noch erleben kann." (Brief an Karl Gutzkow vom Juni 1836).

Insofern ist das Drama über Danton auch der Abgesang auf die gescheiterte Utopie einer Versöhnung der sozialen Klassengegensätze. Die Hoffnung auf eine gesellschaftliche Umwälzung scheitert an der unabwendbaren Gewalt der menschlichen Verhältnisse, an den Widersprüchen der Wirklichkeit und an der Lethargie der gebildeten Klasse. Am Ende vernichtet die Revolution sich selbst. In den Worten Dantons: „Die Revolution ist wie Saturn, sie frisst ihre eignen Kinder" (I,5). Im Stück wie im Leben bleibt letztlich nur die Zuflucht zur Liebe und somit vorläufig allein der Sinn der privaten Geschichte bestehen.

Danton, Robespierre und St. Just treiben die Revolution voran, können aber letzten Endes nicht verhindern, dass diese über sie hinweggeht und sie selbst zum Opfer des von ihnen in Gang gesetzten Prozesses werden. Die Eigendynamik, die die Revolution entfaltet, gleicht einem Naturprozess. Wie der Natur ist der Geschichte alles gleich gültig. Diesen Gedanken hat Büchner in seinem Fatalismusbrief vom März 1834 bereits formuliert. Die ebenfalls dort ausgesprochene Erkenntnis, dass der Einzelne wie eine Marionette die historische Notwendigkeit erfüllt (das Muss), war Büchner so bedeutsam, dass sie im Stück fast wörtlich wieder auftaucht.

Das Volk, die „große Klasse" (Büchner), ist noch nicht als eigene Schicht mit ausgebildetem Klassenbewusstsein und klaren politischen Zielen ausgestaltet. Als selbstständigen Machtfaktor stellt Büchner das Volk nicht dar, vielmehr geht es ihm darum aufzuzeigen, wer die Hebel materielle Not und Neid am besten bedienen und damit das Volk für seine Zwecke einspannen kann.

9 Die Modernität Büchners

Büchners Werk ist schmal; es umfasst – einschließlich der Schülerschriften und Briefe – nur etwa 350 Seiten. In der deutschen Literatur lässt sich kein zweiter Schriftsteller finden, dessen Werkumfang derart disproportional zu seiner Bedeutung und Wirkung steht. In Bewunderung für seine Energie und Vielfalt schreibt Wolfgang Hildesheimer in seiner Büchner-Preisrede 1966: „Er war alles in einer Person, politischer Agitator, Wissenschaftler, Schriftsteller, potenzieller Menschenfreund, Menschenverächter aus bitterer Erfahrung". Die wenigen Schriften, die Büchner hinterlassen hat, erschienen erst 1850 als „Nachgelassene Schriften" und 1879 erstmals als „Sämtliche Werke". Auf die Bühne kamen sie noch später: Erst 1895 hatte das Lustspiel „Leonce und Lena" seine Uraufführung, „Dantons Tod" 1902 und das Fragment „Woyzeck" schließlich erst kurz vor Beginn des Ersten Weltkriegs, 1913. Bis heute haben alle drei Dramen auf den Bühnen der Welt überlebt und gehören selbstverständlich zum festen Repertoire. In der Werkstatistik des Deutschen Bühnenvereins finden sich Büchners Dramen seit Jahren unter den meistgespielten Werken deutschsprachiger Theaterautoren neben Schiller, Goethe, Kleist, Brecht und Lessing.

Daneben zählt seine Erzählung „Lenz" (1835) über den Stürmer und Dränger Jakob Michael Reinhold Lenz (1751–1792), der unter Symptomen manischer Depression litt und Büchner als Naturwissenschaftler und Dichter interessierte, fraglos zur einschlägigen Schullektüre. Nicht zuletzt seine Schrift „Der Hessische Landbote", neben „Dantons Tod" der einzige zu Lebzeiten veröffentlichte Text, nach dessen Drucklegung Büchner nach Straßburg floh und steckbrieflich gesucht wurde, gilt als beispielhafte politische Agitationsschrift. Obwohl beide Texte zu Lebzeiten publiziert wurden, muss man anmerken, dass dies nicht ohne heftig abmildernde Streichungen und Verbesserungen geschah. Selbst die von Emil Franzos besorgte Gesamtausgabe von 1879 muss aus heutiger Sicht als entstellend angesehen werden. Büchners Originalmanuskripte waren nur wenigen Freunden und Eingeweihten bekannt und wurden erst im 20. Jahrhundert vorurteilsfrei rezipiert. Büchner war, so muss man es ohne Pathos anerkennen, seiner Zeit weit voraus, zu radikal in seinen Auffassungen, zu modern in seiner ästhetischen Konzeption.

Was aber war so modern an Büchner? – Hans Mayer macht in seiner Biografie „Georg Büchner und seine Zeit" deutlich, warum man erst Anfang des 20. Jahrhunderts auf den längst verstorbenen Autor aufmerksam werden konnte: „Er ist der Dichter des Leidens und des Mitleidens, der Hoffnungslosen und der ‚leidenden, gedrückten Gestalten'. Wie sollte er nun nicht zu Menschen sprechen, die hellhörig geworden sind für echtes Leid und die ebenfalls, nach fast hundert Jahren, zwischen den Zeiten stehen, zwischen dem ‚Nicht mehr' und dem ‚Noch nicht'".

In „Dantons Tod" bedient er sich eines Verfahrens, das nach dem Zweiten Weltkrieg mit Erfolg von Autoren wie Peter Weiss, Heinar Kipphardt und Rolf Hochhuth im sogenannten Dokumentarischen Theater wieder aufgegriffen wird; er verwendet Originalreden der politisch Handelnden und montiert sie in sein Drama, gibt seinem Stück dadurch Authentizität und realistischen Elan. In „Leonce und Lena" spielt er mit Nonsensformen und tragikomischen Elementen, die bis heute nichts von ihrem Witz und ihrer entlarvenden Wirkung verloren haben. Im „Woyzeck" macht er – lange bevor der Naturalismus die unteren sozialen Schichten als Bühnenhelden und -heldinnen entdeckt – mit der Titelfigur einen armen ungebildeten Soldaten zum Protagonisten, der den bürgerlichen Stützen der Gesellschaft und seiner eigenen Verzweiflung ausgeliefert ist, dabei aber immer wieder Einsichten formuliert, die den tiefen Riss zwischen Arm und Reich hellsichtig aufzeigen: „Wir arme Leut. Sehn Sie, Herr Hauptmann, Geld, Geld. Wer kein Geld hat. Da setz einmal einer seinesgleichen auf die Moral in der Welt. Man hat auch sein Fleisch und Blut. Unsereins ist doch einmal unselig in der und der andren Welt. Ich glaub, wenn wir in Himmel kämen, so müssten wir donnern helfen".

In Büchners Werk spürt man die Abkehr von überkommenen Vorstellungen und die Skepsis gegenüber den gängigen ästhetischen Überzeugungen. Kein Schriftsteller seiner Zeit hat es verstanden, so sehr Gedanken und Überzeugungen anschaulich zu verdichten, dass sie bis heute nichts von ihrer Frische und Eindringlichkeit verloren haben. Elias Canetti bekennt dazu 1982: „Die größte Konzentration von allen Dichtern, die ich kenne, hat Büchner. Jeder Satz von ihm ist mir neu. Ich kenne jeden, aber er ist mir neu".

Kommentare und Lösungen

Hinweise für den Unterricht

Achten Sie darauf, dass die Schülerinnen und Schüler – wann immer möglich – grafische oder tabellarische Ergebnissicherungen anlegen, da diese für die Abiturvorbereitung leicht genutzt werden können. Legen Sie Wert darauf, dass jeder Schüler Unterrichtsergebnisse in eigenen Worten formuliert.

Um langwieriges Abschreiben von Folien oder Tafelbildern zu vermeiden, sollten Sie moderne technische Möglichkeiten nutzen und die Ergebnisse abfotografieren und den Schülerinnen und Schülern per E-Mail bzw. schulinterne Intranets zukommen lassen bzw. überhaupt in diesen internen Foren Ergebnisse präsentieren, falls die Ausstattung Ihrer Schule das zulässt.

Das Verfassen von kürzeren und längeren Texten sollte immer wieder im Verlauf der Unterrichtseinheit geübt werden – als Vorübung für Klausuren. Lassen Sie die Schüler deshalb nach Möglichkeit immer wieder einen zusammenhängenden Text als Antwort auf eine Frage verfassen. Das kann im Unterricht geschehen oder konsequent als Hausaufgabe gestellt werden.

Nutzen Sie so oft wie möglich den in den Kopiervorlagen vorgeschlagenen handlungsorientierten Ansatz und lassen Sie Ihre Schülerinnen und Schüler im Rotationsverfahren ihre Ergebnisse präsentieren und in Rollen schlüpfen. Lernen erfolgt nicht nur über den Kopf.

Modul I: Zugänge

INTENTION	Diese Einführungsphase soll die Schülerinnen und Schüler für ein schwieriges und ihnen zeitlich fernes Drama motivieren. Zwei unterschiedliche Zugänge werden vorgeschlagen. Einmal sollen die Schülerinnen und Schüler ihre eigenen Ansichten zum Thema Empörung angesichts bestehender Ungerechtigkeiten, revolutionärer Situation und Revolutionen zusammentragen, reflektieren und diskutieren, das andere Mal lernen sie die historische Person Danton kennen. In diesen Einstiegsstunden sollten Vorkenntnisse aus anderen Fächern wie Geschichte oder Politik einbezogen werden.
ZEITBEDARF	1 Doppelstunde (KV 1), 1 Unterrichtsstunde (KV 2) Ist die Zeit knapp, kann entweder nur KV 1 oder KV 2 eingesetzt werden. KV 2 könnte auch als Hausaufgabe gestellt werden.
MATERIAL	KV 1: Von der Empörung zur Revolution – Vorstellungen und Begriffe klären KV 2: Die historische Person Danton kennenlernen *Klett Editionen mit Materialien, S. 84: Nicolas Ruault: Der Revolutionär Danton*
DIDAKTISCHE HINWEISE	Die Texte von Stéphane Hessel und Lenin (KV 1) geben erste Anstöße, sich über Begriffe wie Gerechtigkeit und Ungerechtigkeit, revolutionäre Situationen und Revolutionen sowie deren Ursachen Gedanken zu machen. Die Schülerinnen und Schüler gewinnen so über tagesaktuelle Ereignisse und historische Geschehnisse Zugang zum Thema. Es geht jedoch nicht darum, Geschichtsunterricht durchzuführen, sondern das Bewusstsein der Schüler zu schärfen für politische Situationen und Konstellationen, die Anlass zu Empörung geben und zu einem (gewaltsamen) Umbruch führen können.

ZIELVORSTELLUNGEN/ KOMPETENZ-BESCHREIBUNGEN	Die Schülerinnen und Schüler erwerben und verfügen über folgende Kompetenzen. Sie - artikulieren eigene Vorstellungen, die sie persönlich mit dem Begriff revolutionäre Situation/Revolution verbinden - frischen ihre Kenntnisse von Revolutionen in der Geschichte auf - lernen einen exemplarischen Revolutionsbegriff kennen, den sie mit ihren Kenntnissen, Beobachtungen, Vorstellungen vergleichen - erarbeiten erste Informationen über die historische Person George Danton
SOZIALFORM	Unterrichtsgespräch/Partnerarbeit
METHODISCHES VORGEHEN/ UNTERRICHTSSCHRITTE KV 1	1. Im Mittelpunkt der Unterrichtsstunde sollten drei Fragen stehen: a) Welche gesellschaftlichen/politischen Situationen und Ereignisse bieten Grund zur Empörung? b) Welche Voraussetzungen müssen erfüllt sein für ein Gelingen bzw. Misslingen einer Revolution? c) Welche Revolutionen, welche politischen Umstürze hatten letztlich Erfolg? Bei welchen haben sich die Opfer nicht gelohnt? Es kommt nicht so sehr auf richtige oder falsche Antworten an, sondern vielmehr auf eine anregende und vielseitige Diskussion. Frage 1 sollte in einem Blitzlicht beantwortet werden. Möglichst jede(r) sollte zu Wort kommen. Die Äußerungen werden nicht kommentiert, sondern allenfalls werden darüber hinaus gezielt Fragen nach eigenen Erfahrungen und Eindrücken gestellt. Alternativ könnten spontane Äußerungen an der Tafel notiert werden, um sie zu protokollieren und im späteren Verlauf des Unterrichts noch einmal aufzugreifen. 2. Frage 2 kann strukturiert oder unstrukturiert diskutiert werden, je nach Lerngruppe. Angestrebt wird, den Schülern bewusst zu machen, dass sie in den Nachrichten öfter mit Formen von Protest, Widerstand und revolutionären Situationen konfrontiert sind. Die Beispiele der letzten Jahre sind zahlreich, Bilder noch im Kopf vorhanden, Recherchen schnell ausgeführt. Auch die deutsche Geschichte weist einige Revolutionen auf, nicht zuletzt die von 1989/90. Wichtig ist, dass die Schülerinnen und Schüler ihre persönliche Bereitschaft zum gesellschaftlichen Engagement überdenken und ihre eigene Position über Sinn und Zweck von Protestbewegungen in der Geschichte formulieren. Falls genügend Zeit zur Verfügung ist, können konkrete Aufstände genauer recherchiert werden (Madrid, Kairo, Tunesien), zum Beispiel in Form einer Hausaufgabe. 3. Eine gründlichere Lektüre des Textes von Hessel sollte klar machen, dass der Autor zutiefst geprägt ist von den Erfahrungen im besetzten Frankreich und sich schon deshalb wünscht, dass sich die Menschen nicht mit Missständen, Ungerechtigkeit und Unrecht abfinden, sondern sich ein kritisches Bewusstsein erhalten. 4. Beim Vergleich der Texte sollten im Unterrichtsgespräch die Unterschiede zwischen Protest, Aufstand und Revolution reflektiert werden. Hier hilft Lenins Definition der revolutionären Situation weiter: Revolution hat erst dann Aussicht auf Erfolg, wenn es in der herrschenden Klasse ernsthaft kriselt. Diese erste Stunde schafft so die Voraussetzung dafür, dass die Schülerinnen und Schüler ein Vorverständnis für Büchners politisches Engagement entwickeln und auch ein Vorverständnis für dessen Geschichtspessimismus angesichts der Ereignisse der Französischen Revolution. 5. Genannt werden vermutlich die Russische Revolution von 1917; vermutlich auch die friedliche Revolution in der DDR 1989.

METHODISCHES VORGEHEN/ UNTERRICHTSSCHRITTE KV 2

1. KV 2 präsentiert einen Text und eine Abbildung, die sich konkret auf den historischen Danton und die Zeit der Französischen Revolution beziehen. Frechheit, Schlagfertigkeit und Selbstvertrauen Dantons werden sowohl auf dem Bild wie im Text erkennbar. Sinnvoll ist es daher, den Vergleich zwischen Bild und Text in den Mittelpunkt des Unterrichts zu rücken. Die Ambivalenz zwischen Grausamkeit und Witz, die symptomatisch für das Stück „Dantons Tod" ist, wird hier bereits deutlich.
   Die Schülerinnen und Schüler erhalten auf diese Weise einen ersten Zugang zu Charakter und Sprechweise des historischen Dantons und können später vergleichen, was davon Büchner für die Hauptfigur in seinem Drama übernommen hat. Überdies werden auch andere Gefangene genannt, die im Stück mit und neben Danton agieren.
   Es sollte die Gelegenheit genutzt und hier schon auf zentrale Schlüsselbegriffe der Französischen Revolution eingegangen werden: Revolutionsgericht, Guillotine u. a. Eventuell können hier schon erste Informationsaufträge an Schüler vergeben werden.
2. Die Auswertung der Charakterisierung Dantons durch einen Zeitgenossen (vgl. Klett Editonen mit Materialien, S. 84) kann das begonnene Charakterbild erweitern und vertiefen.
3. Das in der Zeitungsmeldung beschriebene Geschehen greift Büchner in IV,7 seines Stücks auf. Hier könnte die Lehrkraft schon darauf verweisen, wie Büchner diese Szene verändert, z. B. die Rolle des Volkes viel aktiver gestaltet als in der Zeitungsnotiz dargestellt. Das Wortspiel mit „des vers" (Verse/Würmer) lässt sich im Deutschen nicht wiedergeben, aber Büchner macht daraus den Ausruf der Frau aus dem Volk: „He Danton, du kannst jetzt mit den Würmern Unzucht treiben."

Lösungen

Kopiervorlage 1 → S. 10

1 und 2 Hier werden keine Vorgaben gemacht. Die Schülerinnen und Schüler sollen frei und unkommentiert zu Wort kommen. Wichtig ist, dass sie sich ihre eigene Bereitschaft zum gesellschaftspolitischen Engagement bewusst machen.

Als mögliche Gründe für Empörung werden unter Umständen genannt: Protest gegen autoritäre Systeme, gegen Unterdrückung und Bevormundung, Wut wegen der Ungerechtigkeiten, die das gegenwärtige Finanzsystem schafft usw.

Festgehalten werden sollte, dass sich Protest vor allem dann entzündet, wenn Hoffnung auf Veränderungen besteht.

3 Stéphane Hessels Streitschrift von 1998 bildet nach Meinung vieler Beobachter und Kommentatoren so etwas wie ein Manifest für Proteste und Aufstände des ersten Jahrzehnts des 21. Jahrhunderts. Sein Schlüsselwort lautet „Empörung". Ausgehend von eigenen Erfahrungen in der französischen Résistance ruft er die jungen Menschen der Gegenwart zur Einmischung und zum Protest auf. Dieser Text richtet sich unmissverständlich an die Jugendlichen heute. Darin liegen sein besonderer Wert und sein Potenzial.

Hessel versucht den heutigen jungen Menschen verständlich zu machen, dass Engagement immer notwendig ist, auch in der wesentlich komplexeren Welt von heute. Von dieser Forderung aus lässt sich nach dem Umgang der Schülerinnen und Schüler mit ungerechten Situationen fragen, nach ihrem Verständnis für Menschen, die Widerstand geleistet haben oder zu Revolutionären geworden sind. Die Schülerinnen und Schüler sollen versuchen, sich von Hessels Text zu eigenen Fragestellungen anregen zu lassen. Auf diese Weise können sie später besser Büchners Haltung nachvollziehen, der angesichts der Probleme seiner Zeit selbst zum Revolutionär wurde.

Bevor die eigentliche Auseinandersetzung mit Büchner und seinem Stück beginnt, sollte den Schülerinnen und Schülern klar geworden sein, dass Büchner durchaus als Zeitgenosse gesehen werden kann, der, würde er heute leben, seine Stimme vermutlich gegen die Mächtigen der Welt, gegen die Macht der Banken oder die Atomlobby erheben würde.

4 Während Hessel noch relativ unspezifisch bleibt, was revolutionäre Situationen angeht, definiert Lenin klar, wann die Zeit zu einem, auch gewaltsamen, Umsturz gekommen ist. Es genügen nicht nur ungerechte Unterdrückungsverhältnisse, die herrschende Macht muss auch geschwächt sein, d. h., die Aussicht auf Erfolg muss groß sein.

5 Es ist zu erwarten, dass die Schülerinnen und Schüler die Französische und die Russische Revolution nennen, eventuell auch die Juli-Revolution von 1830. Ganz sicher wird auch der Umsturz 1989/1990 in Deutschland erwähnt.

Kopiervorlage 2 → S. 11

1 Frechheit, Schlagfertigkeit und Selbstvertrauen Dantons werden sowohl auf dem Bild als auch im Text erkennbar. Die Ambivalenz zwischen Grausamkeit und Witz, die symptomatisch für das Stück ist, wird hier bereits deutlich.

2 Neben Angaben zum Äußeren vertieft dieser Text die Aspekte Selbstvertrauen und rhetorisches Vermögen, hebt aber auch schon in den Blick, dass Danton kein vorausschauender Taktiker war, sondern aus dem Impuls des Moments heraus handelte. Darüber hinaus war er ein Genussmensch, der die angenehmen Dinge des Lebens liebte.

3 Büchner greift das in der Zeitungsnotiz beschriebene Geschehen, den Weg Dantons und seiner Genossen zur Hinrichtungsstätte, in IV,7 auf. Die Rolle des Volkes gestaltet er aktiver als in der Vorlage.

Modul II: Häusliche Lektürephase/Sicherung des Textverständnisses

INTENTION	Die selbstständige Erarbeitung eines ersten Verständnisses des Dramas steht im Vordergrund.
ZEITBEDARF	Für die häusliche Lektüre des Dramas sollte den Schülerinnen und Schülern ca. 14 Tage Zeit gelassen werden. Für die Sicherung des Textverständnisses wird eine Doppelstunde eingeplant.
MATERIAL	KV 3: Inhaltsübersicht für das Drama anlegen KV 4: Leseeindrücke während der Lektüre festhalten KV 5: Textverständnis evaluieren
DIDAKTISCHE HINWEISE	In dieser Phase geht es um die Anwendung und weiterführende Erprobung bisher erlernter und erworbener Texterschließungskompetenzen. Die individuelle Anfertigung des Szenariums (KV 3) zwingt die Schülerinnen und Schüler zu einer intensiven Beschäftigung und Auseinandersetzung mit dem Drama. Den Schülerinnen und Schülern sollte schon vor Beginn der Lektüre klar gemacht werden, dass das Szenarium als Arbeitsgrundlage für die folgende Beschäftigung mit dem Drama immer wieder von großem Nutzen sein wird. Im Anschluss an die Lektüre sollen die Schülerinnen und Schüler eigenständig ihr Textverständnis überprüfen und außerdem subjektive Eindrücke äußern. Aus den Antworten lässt sich ersehen, welche Begriffe, Ereignisse etc. besonders umstritten sind bzw. die meisten Schwierigkeiten bereiten. Darauf sollten die Unterrichtsschwerpunkte dann abgestellt werden. Bei KV 5 müssen die Antworten auf die Fragen noch nicht mit Textbelegen abgesichert werden. Fast alle Fragen werden im weiteren Verlauf der Unterrichtseinheit wieder aufgegriffen und eingehender behandelt.

ZIELVORSTELLUNGEN/ KOMPETENZ-BESCHREIBUNGEN	Die Schülerinnen und Schüler erwerben und verfügen über folgende Kompetenzen. Sie - legen zur Vertiefung und Sicherung des Verständnisses eine Inhaltsübersicht an - erarbeiten ein vorläufiges Verständnis des Dramas und entwickeln während der Textlektüre selbstständig Fragen- und Problemkreise zum Drama - thematisieren und konkretisieren Fragen- und Problemkreise - artikulieren und diskutieren ihre Haltung zu Thema und Drama - evaluieren ihre Textkenntnis selbstständig
SOZIALFORM	Einzelarbeit/Gruppenarbeit/Partnerarbeit/Unterrichtsgespräch
METHODISCHES VORGEHEN/ UNTERRICHTSSCHRITTE	1. Die selbstständige Erarbeitung des Dramas (KV 3 und KV 4) steht im Vordergrund. Die Lektüre soll in Ruhe zu Hause erfolgen, damit jeder sein eigenes Lesetempo finden kann. Die Inhaltsübersicht kann bei weniger leistungsstarken Lerngruppen auch auf mehrere Gruppen verteilt werden. 2. Über KV 4 sollten sich die Schülerinnen und Schüler nach erfolgter Lektüre in Form kooperativen Lernens verständigen. Sie sollten genügend Zeit erhalten, sich zunächst gemeinsam über den Lesestoff auszutauschen. Hierbei klären sich eventuell erste Verständnisfragen bzw. werden unterschiedliche Haltungen zu Stück und Thema diskutiert. Dafür werden ca. 20 bis 30 Minuten Zeit eingeplant. Empfehlenswert ist auch, dass die Schülerinnen und Schüler ihre Dramenübersichten untereinander abgleichen. Eine besonders gelungene Übersicht kann vergrößert und für die Dauer der Unterrichtseinheit im Klassenraum aufgehängt werden. 3. KV 5 sollte in Einzel- oder Partnerarbeit bearbeitet werden und anschließend die Ergebnisse im Unterrichtsgespräch oder in Gruppen verglichen und besprochen werden. Die Lehrkraft kann aufgrund ihrer Kenntnis der Schülerinnen und Schüler auch entscheiden, ob sie nach der Lektüre KV 5 als schriftlichen Leistungstest durchführt oder nicht.

Lösungen

Lösungen
KV 3
c6cu7c

Kopiervorlage 3 → S.12

1

Akt/ Szene	Personen	Zeitpunkt/ Zeitumfang	Schauplatz/ Handlungsort	Direkte Handlung	Verdeckte Handlung
I,1	Danton, Julie, Hérault, Camille, Philippeau, eine Dame	am Nachmittag des 1. Tages, vermutlich des 28. März 1794	Spielsalon	Überzeugungen der Dantonisten werden vorgestellt in Abgrenzung zu Robespierres Politik; Dantons skeptische Distanz wird deutlich	kurz zuvor Hinrichtung von zwanzig Männern durch den Wohlfahrtsausschuss
I,2	Simon, seine Frau, Bürger, ein junger Mensch, Robespierre	vermutlich parallel zu Szene 1	auf der Straße	Simon beschuldigt seine Frau, ihre Tochter der Prostitution ausgeliefert zu haben; die Bürger beklagen Hunger und Armut; einem jungen Menschen droht eine spontane Hinrichtung; Robespierre beruhigt die Situation und ruft die Bürger auf, in den Jakobinerklub zu kommen	keine
I,3	Ein Lyoner, Jakobiner, Legendre, Collot, Robespierre	bald nach I,2	Jakobinerklub	Vorwurf der Milde durch einen radikalen Hébertisten aus Lyon; Beschwerde über das reaktionäre Treiben mancher Revolutionäre durch Legendre; Robespierre, der sich aufgrund der Kritik zum Handeln gezwungen sieht, hält eine programmatische Rede, die die Verhaftung der Dantonisten vorbereitet	Unzufriedenheit in Paris und anderen Städten über den Fortgang der Revolution
I,4	Lacroix, Legendre	kurz nach I,3	auf der Straße	Lacroix kritisiert Legendres Auftritt im Jakobinerklub	keine
I,5	Danton, Marion, Lacroix, Adelaide, Rosalie, Paris	kurz nach I,4, später Abend des gleichen Tages	ein Zimmer im Palais-Royal	Die Prostituierte Marion erzählt Danton ihre Biografie; die Syphilis wird thematisiert; Lacroix berichtet von Robespierres Auftritt im Jakobinerklub und fordert Danton zum Handeln auf, der aber bleibt passiv	vermutlich war Danton bereits in Szene I,1 im Palais-Royal und ist vom Spielsalon in ein erotisches Separee gewechselt
I,6	Robespierre, Danton, Paris, St. Just	am späten Abend des 2. Tages	ein Zimmer in der Wohnung Robespierres	Streitgespräch zwischen Robespierre und Danton und endgültiger Bruch; St. Just fordert Robespierre zu sofortigem Handeln auf	Veröffentlichung eines Artikels von Camille gegen Robespierre

Die Inhaltsübersichten der Schülerinnen und Schüler werden leicht unterschiedlich ausfallen. Eine besonders gelungene Variante kann vergrößert im Klassenzimmer aufgehängt werden. Eine solche Inhaltsübersicht hilft bei der Navigation im Text und erleichtert das Wiederauffinden von Textbelegen. Ein Muster für alle Akte findet sich im Download-Bereich.

Kopiervorlage 4 → S. 13

1 Die Bewertungen der Schülerinnen und Schüler werden unterschiedlich ausfallen. Gemeinsam sein dürfte ihnen, dass die Sprache der Figuren als schwierig bezeichnet wird. Auch die fehlende Dramatik der Handlung wird vermutlich angesprochen werden.

Kopiervorlage 5 → S. 14

I. Fragen zum Inhalt des Dramas

1. Über welchen Zeitraum erstreckt sich die Dramenhandlung?
Vermutlich über neun Tage. Büchner macht keine genauen Angaben. Da die letzte Unterredung zwischen Danton und Robespierre historisch am 29. März stattfand und die Hinrichtung Dantons am 5. April, ließe sich folgende historische Zuordnung erschließen:

1. Akt	28. März 1794 bis zum Abend des 29. März	Verhaftung der Dantonisten wird vorbereitet
2. Akt	Vom Morgen des 30. März bis zum 31. März	Verhaftung Dantons und seiner Anhänger
3. Akt	Von der Nacht des 31. März/1. April bis zum 3. April	Danton im Gefängnis und bei den Verhören, politische Intrigen gegen die Dantonisten
4. Akt	Vom Abend des 4. bis zum Abend des 5. April	Hinrichtung Dantons und seiner Anhänger

2. Warum verhält sich Danton passiv?
Hier sind mehrere Antworten denkbar. Motive für Dantons Passivität gibt es viele: Überzeugung, dass die Jakobiner es nicht wagen werden, ihn aufs Schafott zu führen; er glaubt nicht mehr an den Sinn der Geschichte und damit auch nicht mehr an sinnvolles politisches Handeln; die „Septembermorde" belasten sein Gewissen; er zieht sich auf die Position des Fatalisten zurückzieht und sieht sich als „Puppe", die „von unbekannten Gewalten am Draht gezogen" wird (II,5).

3. Welche Verbrechen legen Robespierre und St. Just dem einstigen Mitstreiter Danton zur Last?
Lasterhaftigkeit und Verrat an der Revolution.

4. Worin unterscheiden sich die Dantonisten von den Anhängern Robespierres?
Hier sind mehrere Antworten denkbar. Dantonisten wollen Hinrichtungen beenden, Anhänger Robespierres wollen Fortsetzung der Hinrichtungen; Dantonisten wollen eine Republik, Anhänger Robespierres eine soziale Revolution; Dantonisten neigen zu Genuss, Sinnlichkeit, Geselligkeit, Philosophie und Witz, Anhänger Robespierres zu Tugend, Pflichtbewusstsein, Stoizismus und Askese; Dantonisten suchen gleichberechtigten Umgang mit Frauen und Prostituierten, Anhänger Robespierres haben eher ein hierarchisches Verhältnis zu politischen Gesinnungsgenossen, Delegierten und Bürgern; Dantonisten betreiben Politik aus Leidenschaft, Anhänger Robespierres aus Kalkül etc.

5. Welche Rolle spielt das Volk?
Das Volk ist noch nicht als eigene Schicht mit klaren politischen Zielen ausgestaltet. Es erscheint wie eine amorphe Menge, instrumentalisierbar, wankelmütig, spontan gewaltbereit und dabei unempfindlich. Sein Selbstverständnis bezieht es aus dem Gegensatz zu Genuss, Reichtum und Bildung. Daraus leitet es auch seine Berechtigung zu revolutionärer Gewalt ab: Wenn das Volk leidet, darf es keine Privilegien für Revolutionäre geben. Die Stimmung im Volk ist entscheidend für den Fortgang der Geschichte. Deshalb ist es wichtig, diesen Hebel zu bedienen.

6. Welche Funktion kommt den Frauen im Drama zu?
In den Ehefrauen Julie und Lucile spiegelt sich die Menschlichkeit und Liebesfähigkeit der Revolutionäre Danton und Camille. Beide Frauen folgen am Ende ihren Männern in den Tod. Ihr Blick auf die Geschichte ist vollkommen unpolitisch, nur von der Sorge um ihre Ehemänner getragen. Neben dieser romantischen spielt auch die käufliche Liebe eine Rolle. Die Grisetten von Paris sind in vielen Szenen gegenwärtig, selbst zum Schafott begleiten sie ihre ehemaligen Kunden (IV,7). Eine der Grisetten, Marion, erzählt ihre Lebensgeschichte Danton (I,5). Sie verkörpert die Utopie von freier Liebe mit freier Partnerwahl.

7. Warum trägt das Stück den Titel „Dantons Tod"?
Der Titel „Dantons Tod" hat eine doppelte Bedeutung. Zunächst meint er konkret historisch den Tod des Revolutionärs George Danton am 5. April 1794 und versucht die Gründe für Dantons Verhaftung und Hinrichtung aus den historischen Hintergründen und den persönlichen biografischen Umständen zu erklären. Büchner interessiert aber nicht nur die politische, sondern auch die existenzielle und ethische Seite des zum Tode verurteilten Danton. Der Todgeweihte ist zugleich der, dem man beim Sterben zusieht. Daher werden von Beginn an im Stück das Leiden und Sterben sowie Sinnfragen nach unserer Existenz thematisiert. Büchners Geschichtsdrama schaut nicht nur von außen auf die Ereignisse, sondern macht den Menschen selbst zum Ereignis.

8. Welche Rolle spielen Sexualität und Erotik im Stück?
Es gibt die romantische und die käufliche Liebe; erotische Konnotationen finden sich zahlreich – sie stehen für den Epikureismus der Dantonisten bzw. das, was in den Augen des Volks und der Anhänger von Maximilien de Robespierre das Laster ist. Zugleich findet sich immer wieder der Hinweis auf Geschlechtskrankheiten. Diese stehen für die Todesnähe und Gefährdung der Dantonisten.

II. Richtig-Falsch-Antworten

1. Die Dantonisten fordern ein Ende der Revolution. (R)
2. Die Menschen auf den Straßen hungern. (R)
3. Robespierre ist der Meinung, der Tyrann sei der Feind der Regierung. (F: Er meint das Laster)
4. Der volltrunkene Souffleur Simon verprügelt auf offener Straße seine Frau, da die gemeinsame Tochter Schauspielerin werden möchte. (F: Sie prostituiert sich)
5. Danton bedrücken die Erinnerungen an die sogenannten Septembermorde. (R)
6. St. Just erhält Buhrufe für seine Rede. (F: Im Gegenteil: heftigen Applaus)
7. Julie gibt einem Knaben eine Locke von ihrem Haar mit auf den Weg zu Danton, damit dieser weiß, dass er nicht alleine sterben muss. (R)
8. Die Pariser reagieren erschüttert auf das Schicksal Dantons. (F: Vgl. IV,7)

III. Sentenzen

1. „Es lebe der König!" (Lucile IV,9, S. 77)
2. „Die Revolution ist wie Saturn, sie frisst ihre eignen Kinder." (Danton I,5, S. 22)
3. „Sie vergessen ihren Herrgott über seinen schlechten Kopisten." (Camille II,3, S. 35)
4. „Das Volk ist ein Minotaurus." (Lacroix I,4, S. 17)
5. „Die Revolution muss aufhören und die Republik muss anfangen." (Hérault I,1, S. 6)
6. „Es gibt nur Epicuräer und zwar grobe und feine." (Danton I,6, S. 24)
7. „Das Nichts ist der zu gebärende Weltgott." (Danton IV,6, S. 73)
8. „Robespierre will aus der Revolution einen Hörsaal für Moral machen und die Guillotine als Katheder gebrauchen." (Barrère III,6, S. 59)

Modul III: Kontexte: Der historische Hintergrund des Dramas

INTENTION	Ziel dieses Unterrichtsmoduls ist, dass die Schülerinnen und Schüler den historischen Hintergrund des Stückes kennenlernen und verstehen. Das Modul wird am besten während der häuslichen Textlektüre der Schüler durchgeführt.
ZEITBEDARF	1 Doppelstunde (KV 6), 1 Unterrichtsstunde (KV 7), 1 Unterrichtsstunde (KV 8), 1 Unterrichtsstunde (KV 9), 1 Doppelstunde (KV 10) Die Doppelstunde über die Haltung der deutschen Schriftsteller zur Französischen Revolution (KV 10) kann entfallen. Auch bei der Erarbeitung des historischen Hintergrundes kann gestrafft und lediglich der Informationstext auf KV 7 mit den Schülerinnen und Schülern gelesen werden.
MATERIAL	KV 6: Die wichtigsten Ereignisse und Begriffe der Französischen Revolution recherchieren *Klett Editionen mit Materialien, S. 131 ff. und S. 132 f.: Zeitleiste zur Französischen Revolution; Erläuterungen zu den Personen* KV 7: Ereignisse und Stationen der Französischen Revolution anhand eines Sachtextes vertiefen KV 8: Die Septembermorde – eine historische Quelle auswerten KV 9: Historische Vorbilder der Dramenfiguren kennenlernen KV 10: Die Haltung der deutschen Schriftsteller zur Französischen Revolution erarbeiten
DIDAKTISCHE HINWEISE	1794, das Jahr, in dem das Stück spielt, war die Revolution bereits fünf Jahre alt und hatte verschiedene Phasen der Entwicklung durchlaufen. KV 6 benennt Ereignisse, Aspekte und Protagonisten. KV 7 bietet Sachinformationen über die Gründe für die Französische Revolution und ihren Verlauf. Zumindest KV 7 sollte auf jeden Fall im Unterricht eingesetzt werden, damit der historische Zusammenhang verständlich wird. Die Kopiervorlagen 8 und 9 dienen als Brücke zwischen Historie und Stück. KV 8 nimmt eine Hauptursache für Dantons Passivität vorweg: die Ereignisse im September 1792. Mittels eines zeitgenössischen Berichtes werden die Geschehnisse in brutaler Anschaulichkeit verdeutlicht. Den Schülerinnen und Schülern wird auf diese Weise die Schreckensherrschaft der Revolutionäre anschaulich, und auch Dantons Gewissensskrupel, die sein Verhalten im Stück bestimmen, werden nachvollziehbar. Kopiervorlage 9 führt mit einer kreativen Aufgabe zu verschiedenen Personen des Stücks hin. Die Schülerinnen und Schülern erkennen, dass Büchner sich auf reale Ereignisse und Personen bezieht, indem sie sich über die historische Person Danton und seine Mitangeklagten informieren und kurze Rollenbiografien entwickeln. Aufgrund der Recherchen wird deutlich, dass alle Angeklagten relativ jung sind, sich aber im Verlauf der Revolution einigen Verdienst erworben haben. Hier zeigt sich, was im Stück mit der Aussage gemeint ist, dass die Revolution ihre eigenen Kinder frisst. KV 10 sammelt die Reaktionen deutscher Schriftsteller auf die Ereignisse in Frankreich, die von anfänglicher Begeisterung bis zur schroffen Ablehnung reichen. Schiller als Repräsentant der bürgerlichen Aufklärung steht dabei mit einem längeren Text im Mittelpunkt. Mithilfe seines Briefes an den Herzog von Augustenburg zeigt sich, wie die Ereignisse in Frankreich auf das gebildete Publikum in Deutschland gewirkt haben und kann diskutiert werden, wie sich unter diesen Umständen am Fortschrittsgedanken der Aufklärung festhalten lässt.

ZIELVORSTELLUNGEN/ KOMPETENZ-BESCHREIBUNGEN	Die Schülerinnen und Schüler erwerben und verfügen über folgende Kompetenzen. Sie - führen selbstständig Recherchen durch - tragen Informationen zum geschichtlichen Hintergrund zusammen - verstehen historische Zusammenhänge der Zeit um 1794 - erkennen Büchners Motivation, ein Geschichtsdrama über die Französische Revolution zu schreiben - versetzen sich in die Rolle von einigen Protagonisten des Dramas - lernen die Einstellungen deutscher Schriftsteller zur Französischen Revolution kennen - informieren sich über zeitgenössische Einstellungen zur Französischen Revolution
SOZIALFORM	Einzelarbeit/Partnerarbeit/Gruppenarbeit/Unterrichtsgespräch

METHODISCHES VORGEHEN/ UNTERRICHTSSCHRITTE KV 6, KV 7, KV 8 UND KV 9

1. Die Schülerinnen und Schüler sollen zunächst die auf der Kopiervorlage 6 genannten Stichworte zur Französischen Revolution selbstständig recherchieren und anschließend im Kurs als Kurzreferat präsentieren.

2. Auf der Grundlage der gewonnenen Erkenntnisse wird eine Zeitleiste erstellt, die im Kursraum aufgehängt wird und bei aufkommenden Fragen in den folgenden Stunden eine rasche Orientierung erlaubt.

3. Der Informationstext (KV 7) bietet eine zusammenhängende Darstellung der Französischen Revolution. Offene Fragen könnten zusätzlich recherchiert werden. Die Arbeitsaufträge werden in Kleingruppen bearbeitet und anschließend von den Gruppen präsentiert. Sie richten die Aufmerksamkeit schon auf das Drama, indem die Schüler sich überlegen sollen, was Büchner an dem historischen Stoff besonders interessiert haben könnte. Bei knapper Zeit kann auf die eigenständige Recherche der Schüler (KV 6) verzichtet werden und nur der Informationstext gelesen werden.

4. KV 8 liefert einen zeitgenössischen Bericht über ein besonders drastisches Ereignis der Schreckenszeit der Revolution, die sogenannten Septembermorde, an denen Danton eine besondere Verantwortung zufällt. Der Text wird in Partnerarbeit erschlossen und die Ergebnisse im Unterrichtsgespräch zusammengefasst. Anschließend müssen die Schülerinnen und Schüler die Ereignisse erst in den historischen Zusammenhang einordnen und dann die Verbindung zur Dramenhandlung herstellen.

5. KV 9 bietet zur Abwechslung eine kreative Aufgabe. In arbeitsteiliger Gruppenarbeit sollen die Schülerinnen und Schüler für sechs der Angeklagten in „Dantons Tod" einen kurzen biografischen Text in der Ich-Form schreiben. Ziel ist zum einen, zu verdeutlichen, dass es sich bei den Figuren in „Dantons Tod" um reale historische Personen handelt, zum anderen, den Schülerinnen und Schülern einen persönlichen Zugang zu den Dramenfiguren zu eröffnen. Der Vortrag der Schülertexte lässt sich atmosphärisch unterstützen: gedämpftes Licht, zu Anfang Abspielen der Marseillaise, Gegenüberstellung von Volk und Angeklagten, rote Jakobinermützen etc. Je eindrucksvoller die einzelnen Vorträge/Reden, desto größer die Chance für einen empathischen Zugang zum Stück. – Ergänzend ließen sich nach der Behandlung des Stücks im Unterricht die hier erstellten Texte noch einmal überarbeiten und ergänzen.

METHODISCHES VORGEHEN/ UNTERRICHTSSCHRITTE KV 10

1. Die Schülerinnen und Schüler können sich als vorbereitende Hausaufgabe über die Autoren der Texte auf dem Arbeitsblatt mittels eines Literaturlexikons informieren.

2. Im Unterricht werden die Texte – mit Ausnahme des Schiller-Briefs – dann in arbeitsteiliger Gruppenarbeit behandelt, und anschließend werden die Ergebnisse präsentiert. Es bietet sich an, für jede Gruppe den Text auf Folie zu kopieren, damit die Gruppen ihre Arbeitsergebnisse gleich auf der Folie eintragen können.

3. Der Schiller-Text sollte aufgrund seiner Komplexität gesondert behandelt werden. Er wird gemeinsam im Unterrichtsgespräch erschlossen, weil sich an ihm exemplarisch Positionen der (literarischen) Aufklärung erschließen lassen.

Lösungen

Kopiervorlage 6 → S. 15

Die Begriffe und Ereignisse lassen sich aus dem Informationstext auf KV 7 erschließen.

Kopiervorlage 7 → S. 16/17

1 Büchner interessiert der Augenblick des Fragwürdig-Werdens; der Moment der Unkontrollierbarkeit einer Situation, die eine Eigendynamik entwickelt hat. Neben der politisch-historischen Großlage (hier geht es neben den verschiedenen Parteiungen auch um das soziale Elend als politische Triebkraft) werden auch philosophische und existentielle Fragen virulent. Insofern gibt das Stück nicht nur Auskunft über eine historische Situation, in der es um richtiges/falsches Handeln geht, sondern es wird an diesem Punkt zu einem Stück, das den Blick auf die Existenz des Menschen richtet, im Sinne einer Selbstbefragung angesichts einer weltanschaulichen Krise und der Todesdrohung.

2 Danton und Robespierre sind als typische dramatische Gegenspieler angelegt (Epikureer/Asket, Laster/Tugend etc., (vgl. dazu vor allem KV 16 und KV 17). Allerdings wird diese Gegenüberstellung nicht bis zum Ende durchgehalten. Daran wird deutlich, dass Büchner weniger ein historischer Antagonismus interessiert hat als die Fragen der Theodizee und der Menschlichkeit, die sich angesichts der Nähe des Todes ergeben.

3 Im Zentrum des Stückes steht, wie in Frage 2 gesehen, nicht der Antagonismus zwischen Beenden oder Fortführen der Revolution. Es geht nur vordergründig um politische Entscheidungsalternativen. Die vielen unterschiedlichen Facetten der Person Danton interessieren den Dramatiker Büchner: der einst dynamische, vorwärtstreibende Revolutionär und Volkstribun in Anbetracht seiner Selbstzweifel und seiner Antriebslosigkeit; Danton, der einst selbst Erbarmungslose (Septembermorde) in seinem Schwanken; Danton, der vom Volk ebenso geschätzte wie verachtete Epikureer; Danton, der Widersprüchliche; Danton, der rhetorisch Gewitzte; Danton, der im Sterben Größe und Schwäche zugleich zeigt.

Kopiervorlage 8 → S. 18

1 Geschildert wird das sogenannte Septembermassaker 1792. Vom 2. bis zum 5. September kam es zur Ermordung von etwa 1300 Insassen der Pariser Gefängnisse. Auslöser soll die Nachricht von der Kapitulation der Festung Verdun am 2. September vor den preußischen Truppen gewesen sein. Daraufhin kam es zu einer Massenhysterie. Zunächst wurden die inhaftierten Revolutionsgegner, dann auch die übrigen Gefangenen getötet, darunter zahlreiche katholische Priester, die den Eid auf die republikanische Verfassung verweigert hatten. Gut zwei Drittel der Opfer sollen keine politischen Gefangenen gewesen sein, sondern wegen anderer Taten Inhaftierte. Die Septembermorde zählten einerseits zu den gewalttätigsten Ausschreitungen der Französischen Revolution, die viele Anhänger der Frühphase der Revolution abschreckten, andererseits galten sie als Ausweis der Stärke und radikalen Durchschlagskraft des Sansculottentums, die im gleichen Atemzug genannt wurden mit dem Sturm auf die Bastille (14. Juli 1789), dem Sturm auf die Tuilerien (10. August 1792) und der Ausschaltung der Gironde (31. Mai 1793). Vgl. die Rede des Lyoner Abgeordneten in I,3.

2 Danton, im Stück „Mann des September" (I,5) genannt, wird von der Erinnerung an die Mordtaten verfolgt (II,5). Zur Zeit der Morde war er Justizminister und soll über Mittelsmänner den Befehl gegeben haben, die inhaftierten Revolutionsgegner hinzurichten, bevor sie von den angeblich anrückenden preußisch-österreichischen Truppen befreit werden und Rache üben könnten.

Dantons Notwehr-Argument in II,5 wird auch durch den Historiker Thiers gestützt, der einen Brief der Pariser Kommune zitiert, der die Septembermorde rechtfertigt mit der „grausamen Notwendigkeit, sich zur Rettung der Nation der Volksmacht zu bedienen".

3 Die Mordtat wird als moralisch richtig verbrämt und religiös konnotiert. Die Aussage hat Büchner fast wörtlich in I,2 verwendet. Er lässt Robespierre sagen: „Armes, tugendhaftes Volk! Du tust deine Pflicht, du opferst deine Feinde. Volk du bist groß."

Kopiervorlage 9 → S. 19

1 und 2 *Beispiele für mögliche Lösungen*

„Ich, Georges Jacques Danton, bin 35 Jahre alt, aber jung genug, um mich meiner Verdienste zu erinnern. Als Advokat habe ich gelernt, wie man sein Recht durchsetzt. Ich habe euch gratuliert zum Sturm auf die Bastille. Ich habe mit euch auf dem Marsfeld für eine Republik demonstriert und um die unschuldigen Toten geweint. Ihr habt mich als Retter Frankreichs gefeiert, als ich eine Revolutionsarmee aufstellte zur Verteidigung des Vaterlandes. Ich, Danton, kenne nichts Schlimmeres als die Ungerechtigkeit und Anmaßung der Aristokraten und nichts Größeres als die Liebe zur Nation. Ich habe im Prozess gegen Louis Capet zuerst um Milde gebeten, dann aber, als er nicht mehr zu retten war, mit euch für seinen Untergang gestimmt. Ich, Danton, bin der Steuermann der Revolution. Wenn ihr mich tötet, reißt ihr eure Segel herunter und werdet jämmerlich Schiffbruch erleiden."

„Ich, Camille Desmoulins, 34 Jahre jung, erfolgreicher Anwalt, glücklicher Ehemann der bezaubernden Lucile, habe euch im Garten des Palais-Royal am 12. Juli zu den Waffen gerufen gegen die fremden Truppen, die der König ins Land hat kommen lassen. Ich war es, der unermüdlich in Wort und Tat für die Revolution und die Volkssouveränität gekämpft hat. Ich habe einst mit Robespierre im Collège Louis-le-Grand Philosophie und Mythologie gebüffelt. Ihr habt mich in den Konvent gewählt und ich habe euch dort mit Vernunft und Leidenschaft vertreten. In meiner Zeitschrift ‚Le Vieux Cordelier' habe ich die Bildung eines Gnadenausschusses gefordert, weil wir aufhören müssen, politische Gefangene willkürlich zu töten und weil wir die vernünftige Anwendung der Gesetze brauchen. Wenn ihr mich tötet, wird keiner mehr sich erheben, um das sinnlose Blutbad zu beenden, dann werden alle mitgerissen im Blutstrom des Unbestechlichen."

Kopiervorlage 10 → S. 20/21

1 und 2 *Friedrich Gottlieb Klopstock* (1724–1803) hat bei seinen Zeitgenossen, vor allem bei der Jugend, als Verfasser meisterhafter Oden nationale Begeisterung und gläubige Verehrung ausgelöst und galt als frühes Originalgenie im Sinne der Empfindsamkeit und der späteren Stürmer und Dränger. Als Vertreter des echten, natürlichen Tons wurde er zum zentralen Stichwortgeber für Goethes „Werther".
Er hat wie viele andere seiner Zeitgenossen den Beginn der Französischen Revolution begrüßt und sich dann angesichts des Königsprozesses 1793 von seinem ersten Urteil deutlich distanziert, allerdings war er einer der Ersten, die geradezu überschwänglich die Revolution als „des Jahrhunderts edelste That" gefeiert haben. Als erster deutscher Dichter verwendete er den Hexameter, wie auch im vorliegenden Gedicht.

Adolph Freiherr von Knigge (1752–1796) war ein Schriftsteller der Spätaufklärung, der sich in satirischen Werken für die Ideen der französischen Revolution einsetzte. Er war selbst politisch aktiv und früher Vertreter demokratischer Ideen in Deutschland. In den Augen der Obrigkeit galt er als gefährlicher Jakobiner und berüchtigtes Mitglied des Illuminatenordens. Seine berühmte Schrift „Über den Umgang mit Menschen" ist entgegen landläufiger Meinung kein Benimmbuch, sondern ein verständiger Ratgeber für die aufstrebenden Vertreter des Bürgertums.

Johann Heinrich Campe (1746–1818) war ein vielfältiger Schriftsteller, Verleger und Sprachforscher, der, überzeugt von den Idealen der Aufklärung und ungeachtet der Kritik seiner Zeitgenossen, auch später noch an den Zielen der französischen Revolution festgehalten hat. Er war Erzieher der Brüder Alexander und Wilhelm von Humboldt; nach dem Sturm auf die Bastille reiste er mit Wilhelm nach Paris und traf sich u. a. mit Mirabeau. 1792 erhielt er mit Klopstock, Schiller und 15 weiteren Ausländern das Ehrendiplom als französischer Bürger.

August von Kotzebue (1761–1819) war einer der erfolgreichsten Bühnenautoren seiner Zeit und politisch Sympathisant der Jakobiner. Beruflich machte er Karriere als Generalkonsul für den russischen Zaren und wurde u. a. aufgrund dieser Tätigkeit, die auch Agentendienste einschloss, und wegen seiner Ablehnung der deutschen liberalen Bewegung von dem Burschenschaftler Karl Ludwig Sand als „Vaterlandsverräter" ermordet.

Friedrich Schiller (1759–1805) hatte in seinen Dramen der Sturm-und-Drang-Zeit „Die Räuber" (1781) und „Kabale und Liebe" (1784) scharfe Anklage gegen die höfischen Laster des Absolutismus – Korruption, Selbstsucht und Unmenschlichkeit – erhoben. Dennoch verhielt er sich zu Beginn der Französischen Revolution 1789 abwartend defensiv. Im August 1792 wurde ihm für sein Werk „Die Räuber" von der Französischen Nationalversammlung die Ehrenbürgerschaft verliehen. Noch schmeichelte ihm diese Auszeichnung. Nach den Septembermorden 1792 und der Hinrichtung des Königs 1793 wandte er sich von den Vorgängen in Frankreich jedoch ab.
1794 verhängte er im Grundsatzprogramm der neu gegründeten Zeitschrift „Die Horen" ein „strenges Stillschweigen" über „das Lieblingsthema des Tages", und bis zu seinem Tod vertrat er die Auffassung, dass die Menschen erst durch eine konsequente ästhetische Erziehung, ausgerichtet an den Idealen von Wahrheit und Schönheit, auf eine höhere sittlich-moralische Stufe gehoben werden müssten, bevor man sich an eine Veränderung der gesellschaftlich-politischen Verhältnisse wagen könne. Im „Lied von der Glocke" (1799) heißt es unmissverständlich: „Freiheit und Gleichheit! hört man schallen, / Der ruh'ge Bürger greift zur Wehr, / Die Straßen füllen sich, die Hallen, / Und Würgerbanden ziehn umher. / Da werden Weiber zu Hyänen / Und treiben mit Entsetzen Scherz; / Noch zuckend, mit des Panthers Zähnen / Zerreißen sie des Feindes Herz."

Friedrich Schlegels (1772–1829) Bonmot stammt aus seiner Berliner Zeit und blickt zurück auf seine Jenaer Zeit, da er als Frühromantiker mit Fichte befreundet war, dessen Aufstieg als Philosoph erlebte und Goethe persönlich kennenlernte. Mit „Meister" ist Goethes Roman „Wilhelm Meisters Lehrjahre" (erschienen 1795/96) gemeint.

3 Die meisten Aussagen geben Zeugnis von der überwältigenden Wirkung der Französischen Revolution. Klopstock findet nichts Vergleichbares in der Geschichte, Campe zieht Luthers Reformation als Vergleich heran, Schlegel vergleicht im Sinne seiner Universalpoesie Philosophie, Dichtung und Geschichte miteinander. Zugleich wird ersichtlich, welche Veränderungen man begrüßt: „Abschaffung des Despotismus", Freiheit, Verwirklichung der Aufklärung, Sicherung des Eigentums, Unverletzlichkeit der Person und Meinungsfreiheit. Klopstock und Knigge wünschen sich, dass der revolutionäre Funke auf die deutschen Lande (damals noch in kleinstaatlicher Duodezfürstenherrlichkeit befangen) überspringe.

Kotzebue entlarvt die Revolution als Komödie – hier zeigen sich durchaus Parallelen zu Büchners Theatermetaphorik!

Festzuhalten ist jedoch, dass die anfängliche Begeisterung vieler deutscher Schriftsteller vor dem Hintergrund der zunehmenden Radikalisierung der Revolution und der Schreckensherrschaft, die etabliert wurde, stark abkühlte.

4 Schiller traut seinen Mitmenschen noch nicht zu, die Freiheit sinnvoll zu nutzen. Er geht davon aus, dass der Mensch sich seiner animalisch-barbarischen Natur erst nach und nach im Zuge der Aufklärung entledigen kann. Bis dahin hält er es für notwendig, dass die Menschen mittels Zwang und Gesetz unfrei gehalten werden. Die neuen Freiheitsrechte in Frankreich haben seiner Ansicht nach nur die rohen Triebe entfesselt und nicht den wahren Menschen hervorgebracht. Dabei trennt er zusätzlich zwischen den niederen Klassen und den „civilisierten Klassen". Bei ersteren kann er nur Gesetzlosigkeit und sinnliches Handeln erkennen, bei letzteren erkennt er zudem als Resultat von Charakterschwäche und Disziplinlosigkeit eine Art bösartiger Unmoral.

5 Schillers entschiedener Standpunkt ist sicherlich einerseits dem adligen Adressaten geschuldet, andererseits zeigt sich hier der Aufklärer, den die Entfesselung der Gewalt in Frankreich zutiefst erschütterte. Der Brief wurde ein halbes Jahr nach der Hinrichtung von König Ludwig XVI. geschrieben und steht noch unter dem frischen Eindruck der Nachrichten von der französischen Schreckensherrschaft. Schiller hatte während des Königsprozesses sogar erwogen, nach Paris zu reisen und öffentlich für den König zu sprechen. Seine republikanische Gesinnung, von der seine Stücke Zeugnis ablegen, war auf Einhaltung der Menschenrechte und Gesetzestreue abgestellt. Eine Willkürsituation, wie sie im Frankreich der Jakobinerdiktatur entstanden war, lehnte er entschieden ab.

6 In einer Diskussion seines Standpunktes könnten die Schülerinnen und Schüler v. a. darauf verweisen, dass Schiller Ursache und Wirkung hinsichtlich der Unterdrückungsmechanismen vertauscht.

Schiller war nicht davon überzeugt, dass bessere politische Verhältnisse den Menschen ändern, sondern dass zuerst der freie Mensch durch philosophisch-ästhetische Erziehung herausgebildet werden müsse. Erst dann könne an eine Veränderung der politischen Verhältnisse gedacht werden. Diese Überlegungen führt er in seinen „Briefen über die ästhetische Erziehung des Menschen" aus.

Modul IV: Kontexte: Georg Büchner und seine Zeit

INTENTION	Wie das Modul zum historischen Hintergrund des Dramas sollte auch dieses Modul vor der eigentlichen Behandlung des Dramas unterrichtet werden, da die Kenntnis von Büchners Überzeugungen und Lebensumständen dem besseren Verständnis des Dramas dient. Die biografischen Einsichten zeigen, wie eng bei Büchner persönliches Erleben und literarische Produktion miteinander verknüpft sind.
ZEITBEDARF	1 Unterrichtsstunde (KV 11), 1 Doppelstunde (KV 12), 1 Unterrichtstunde (KV 13) KV 11 und KV 12 sollten behandelt werden, KV 13 kann bei Bedarf entfallen bzw. als Sonderauftrag von einer Schülerin/einem Schüler bearbeitet werden.
MATERIAL	KV 11: Der Fatalismusbrief – Georg Büchners Einstellung zur Revolution klären *Klett Editionen mit Materialien, S. 91 f.: Georg Büchner: Der Fatalismusbrief vom März 1834* KV 12: Der Hessische Landbote – Georg Büchners politisches Engagement erschließen *Klett Editionen mit Materialien, S. 86: Revolutionäre Umtriebe in Hessen 1832–1835* *Klett Editionen mit Materialien, S. 106: Ludwig Büchner: Über die Arbeit an „Dantons Tod"* *Klett Editionen mit Materialien, S. 139 ff.: Zeittafel zu Leben und Werk* *Lehrwerk zur Französischen Revolution* KV 13: Der Hessische Landbote – Argumentationsstrategie und Sprache untersuchen *Klett Editionen mit Materialien, S. 87 ff.: Georg Büchner: Der Hessische Landbote*
DIDAKTISCHE HINWEISE	Mit KV 11 lernen die Schülerinnen und Schüler den sogenannten Fatalismusbrief kennen, das wichtigste Zeugnis von Büchners Geschichtsverständnis. Dass engagiertes politisches Handeln und fatalistische Sicht auf den Verlauf der Geschichte in einer Person zusammenkommen können, wird mithilfe von KV 12 erarbeitet. Die Schülerinnen und Schüler erschließen Büchners revolutionäre Schrift „Der Hessische Landbote" von 1834. Zuvor werden die näheren Lebensumstände Büchners beim Abfassen von „Dantons Tod" erarbeitet. In KV 13 wird ein Textauszug aus dem „Hessischen Landboten" inhaltlich und stilistisch analysiert. Bei der Besprechung der Ergebnisse weist die Lehrkraft bereits auf Parallelstellen zum Stück hin.
ZIELVORSTELLUNGEN/ KOMPETENZ-BESCHREIBUNGEN	Die Schülerinnen und Schüler erwerben und verfügen über folgende Kompetenzen. Sie - verstehen Büchners Interesse an der Geschichte der Französischen Revolution - erhalten Einsicht in Büchners politisches Engagement - informieren sich über Zeit und Leben des Autors - unterscheiden objektives Geschehen und subjektive Geschichtsbetrachtung - beschreiben die Argumentationsstruktur eines Textes - bestimmen die sprachlichen Mittel eines Textes
SOZIALFORM	Einzelarbeit/Partnerarbeit/Gruppenarbeit/Unterrichtsgespräch

METHODISCHES VORGEHEN/ UNTERRICHTSSCHRITTE

1. Die Schülerinnen und Schüler erarbeiten Büchners zutiefst pessimistische Geschichtsauffassung anhand des Fatalismusbriefs von 1834 (KV 11) in Einzel- oder Partnerarbeit. Der Brief ist auch deshalb von Bedeutung, weil einige Stellen aus ihm von Büchner fast wörtlich in den Dramentext übernommen wurden.
2. Der anschließende Vergleich mit dem Schlegel-Text erhellt Büchners eigene Auffassung. Es bietet sich an, beide Texte nebeneinander auf Folie zu präsentieren, um einen engen begrifflichen Vergleich zu ermöglichen.
3. Anschließend wird Büchners persönliche Situation während der Entstehung des „Danton" geklärt (KV 12). Die Schülerinnen und Schüler erarbeiten die Aussagen Ludwig Büchners und Büchners Brief an Gutzkow arbeitsteilig und informieren sich dann gegenseitig.
4. Nachdem die Schülerinnen und Schüler die politischen Verhältnisse in Büchners Heimat Hessen geklärt haben und sein politisches Engagement kennen, wird die Flugschrift „Der Hessische Landbote" arbeitsteilig untersucht und Büchners Sicht der jüngeren französischen Geschichte erschlossen. Die Fertigstellung der Tabelle kann dann als Hausaufgabe gegeben werden.
5. Um die sprachliche Analyse eines Textes zu üben und zu wiederholen, kann dann KV 13 eingesetzt werden.
6. Es empfiehlt sich, die Arbeitsergebnisse dieses Moduls in einem Lernplakat festhalten zu lassen. Auch eine Fortsetzung der Zeitleiste aus Modul III bietet sich an.

Lösungen

Kopiervorlage 11 → S. 22

1 In dem Brief von 1834 entwickelt Büchner in wenigen Sätzen seine Sicht auf die Geschichte. Er kam zu seiner Überzeugung nach seinem Studium der Französischen Revolution, die etwa 40 Jahre zuvor im 9. Thermidor mit dem Sturz Robespierres ihr Ende fand.

Büchners Entschluss, ein Drama über die französische Revolution zu schreiben, reifte in dieser Zeit heran. Etwa ein Dreivierteljahr nach Abfassung des Fatalismusbriefes an Wilhelmine Jaeglé stellte er in nur fünf Wochen das Drama „Dantons Tod" fertig.

2 Auffällig ist ein aufgewühlter, hoffnungsloser, beinahe verzweifelter Ton des Briefes. Gleich zu Anfang bekennt er, dass er aufgrund der Lektüre nicht in der Lage gewesen sei, ihr zu schreiben. Das Studium der Französischen Revolution habe in ihm die Vorstellung reifen lassen, dass in der Geschichte ein „grässlicher Fatalismus" herrsche.

Während der Inhalt von Büchners „Fatalismuserlebnis" nach wie vor umstritten ist, sind sich die Interpreten doch darin einig, dass die Beschäftigung mit der französischen Revolutionsgeschichte den Hintergrund des Briefes bildet. Der Büchner-Biograf Jan-Christoph Hauschild schlägt vor, den Begriff „Fatalismus" im Sinne von „misslichem Geschick" zu verstehen. Damit könnte die Tatsache gemeint sein, dass der Revolutionsverlauf keine Besserung bringe, so wie es ein Pariser Bürger in I,2 ausdrückt; oder aus Büchners eigener Sicht die beklagenswerte Tatsache, dass seit 1789 alle sozialrevolutionären Bewegungen gescheitert waren, von Robespierre über Babeuf bis zu den Aufstandsversuchen in den ersten Jahren der Julimonarchie 1830 in Frankreich. Hauschild geht davon aus, dass sich in Büchners Brief die Anerkenntnis eines geschichtlichen Gesetzes manifestiere. Mit Bezug auf die neutestamentliche Matthäusstelle „es muss ja Ärgernis kommen, aber wehe dem, durch den es kommt" nimmt Büchner wohl an, dass es ein „Muss" in der Geschichte gebe, eine unausweichliche Notwendigkeit, die in den „menschlichen Verhältnissen" liege. Dieses unabwendbare Gesetz könne ein einzelner Mensch nicht beherrschen, vielmehr stehe er als Einzelner unter seinem Einfluss, ohne dass er genauer sagen könne, was ihn antreibe: „Was ist das, was in uns lügt, mordet, stiehlt?" Das „eherne Gesetz" scheint demnach eine soziale und eine anthropologische Ausrichtung zu beinhalten: Zum einen geht es um die Macht gesellschaftlicher Verhältnisse, seien sie sozialer oder ökonomischer Art, die sich verändernd auf den Verlauf der Geschichte auswirken – z. B. in Form von Revolutionen. Zum anderen aber um Mechanismen, die im Menschen selbst wirken und die ihn dazu bestimmen, z. B. zu einem Akteur oder Täter im historischen Verlauf zu werden. Vielleicht, so lässt sich vermuten, steckt in dieser Distanz zu historischen Persönlichkeiten, die er in früheren Jahren noch verehrte, der Keim für die Entscheidung, den zwiespältigen und der Eigendynamik der Geschichte ausgelieferten Danton zur Hauptfigur eines Dramas zu machen. Bemerkenswert ist, dass Danton in II,5 Büchners Briefworte fast wörtlich wiedergibt und in II,1 dessen Einsicht noch einmal mit anderen Worten formuliert: „Wir haben nicht die Revolution, sondern die Revolution hat uns gemacht. Und wenn es ginge – ich will lieber guillotiniert werden als guillotinieren lassen. [...] Es wurde ein Fehler gemacht, wie wir geschaffen wurden; es fehlt uns etwas, ich habe keinen Namen dafür –."

Diese Einsicht in den Gang der Geschichte machte Büchner nur scheinbar handlungsunfähig („ich fühlte mich wie zernichtet"), da er zur selben Zeit seinen Entwurf des „Hessischen Landboten" verfasste. Immerhin distanziert er sich hier von der Gewalt („ich bin kein Guillotinenmesser"), die er in einem Brief vom 6. April 1833 (vgl. Klett Editionen, S. 90 f.) an die Eltern noch favorisierte.

3 Im Gegensatz zu Büchner steht Schlegels Blick auf die französische Revolutionsgeschichte eher im Zeichen des Faszinosums; seine Sicht ist deutlich ästhetisch motiviert. Er zitiert zwei Auffassungen von der Revolution: zum einen die heroische Meinung, dass die französische Revolution eine beträchtliche Veränderung und Erschütterung in der Staatenwelt ausgelöst habe und damit als Mutter („Urbild") aller Revolutionen gelten könne; zum anderen die eher paradoxe Meinung, dass sie eine seltsame Mischung aus Tragischem und Komischem sei, schrecklich und lächerlich zugleich – wie für Schlegel der französische Nationalcharakter selbst.

Gemeinsam ist beiden der Vergleich der Geschichte mit einer theatralen Inszenierung. In „Dantons Tod" ist an vielen Stellen ausgeführt, was Büchner hier in Analogie zu einer zentralen Auffassung der Romantiker als „Puppenspiel" bezeichnet, während der Romantiker Schlegel die französische Revolution als „Tragikomödie der Menschheit" charakterisiert.

Kopiervorlage 12 → S. 23

1 Im Januar 1835 verfasste Georg Büchner (1813–1837) sein erstes Drama „Dantons Tod" nach eigenen Aussagen „in höchstens fünf Wochen". Der damalige Medizinstudent schrieb im Darmstädter Elternhaus heimlich und unter Druck, drohte ihm doch aufgrund der Veröffentlichung der revolutionären Flugschrift „Der Hessische Landbote" die Verhaftung. Er schickte das Manuskript an Karl Gutzkow mit der Bitte um rasche Veröffentlichung. Er brauchte Geld für die geplante Flucht. Im März floh er schließlich überstürzt nach Straßburg, ab Juni wurde er steckbrieflich gesucht wegen der „Teilnahme an staatsverrätherischen Handlungen". Eine erste Auflage von „Dantons Tod" erschien noch im selben Jahr, allerdings mit dem verfälschenden Untertitel „Dramatische Bilder aus Frankreichs Schreckensherrschaft". Das Stück konnte die strenge Zensur im Deutschen Bund allerdings nur dadurch passieren, dass an zahlreichen Stellen die deftige Darstellung entschärft wurde. „Dantons Tod" wurde erst am 5. Januar 1902 in Berlin uraufgeführt.

2 Das Großherzogtum Hessen-Darmstadt, das zu den süddeutschen Mittelstaaten zu zählen ist, war ein Ergebnis der Revolutionsfolgen: der Auflösung des Heiligen Römischen Reiches deutscher Nation 1806, der napoleonischen Neuordnungspolitik und der Beschlüsse des Wiener Kongresses 1815. Es galt als politisch stabil, trotz verschiedener Unruhen in den kommenden Jahrzehnten. Büchner, der schon früh ein Bewunderer der Französischen Revolution war, brachte aus seinen Straßburger Aufenthalten einigen revolutionären Enthusiasmus mit nach Hessen, das vor allem nach der Juli-Revolution 1830 in Frankreich von einer Oppositionswelle erfasst wurde. Die Forderungen der Opposition richteten sich auf „Einigkeit und Recht und Freiheit", d. h. auf ein einiges Deutschland, auf eine geschriebene Verfassung nach französischem Vorbild und nach Verwirklichung der Freiheits-/Menschenrechte. Hinzu kamen seit Einsetzen der industriellen Revolution auch soziale Proteste.

Eine der oppositionellen Operationen war der vor allem von Studenten getragene Sturm auf die Frankfurter Hauptwache vom 3. April 1833, dessen Ziel die Ausrufung Deutschlands zur Republik war. (Die Freie Stadt Frankfurt war von 1816 bis 1866 Sitz des Bundestages.) Der Sturm war verraten worden und wurde vom Militär niedergeschlagen. – Als im März/April fast alle wegen Beteiligung und Mittäterschaft am Frankfurter Wachensturm Inhaftierten freikamen, kam es unter Büchners Mitwirkung im Frühjahr 1834 zur Gründung einer Gießener Sektion der konspirativen „Gesellschaft der Menschenrechte", die dem Vorbild der französischen „Société des droits de l'homme" folgte und mit Flugschriften die Handwerker und Bauern zum Aufstand anstiften wollte, deren bekannteste der „Hessische Landbote" wurde. Zur Revolution kam es jedoch nicht: Der Geheimbund wurde von einem Vertrauten verraten, mehrere Mitglieder wurden festgenommen. Um sich der Verhaftung zu entziehen, flüchtete Büchner aus Gießen nach Darmstadt ins Elternhaus. Vor diesem Hintergrund politisch aufgeladener Ereignisse und nach zwei Vorladungen als Zeuge in Prozessen gegen Mitglieder seines Geheimbundes in ständiger Angst vor Verhaftung, schrieb Büchner im Frühjahr 1835 „Dantons Tod".

3

Hessischer Landbote	Geschichte	Subjektive Bewertungen
„1789 war das Volk in Frankreich müde", Z. 17 f.	Hungersnot, hohe Brotpreise, Privilegien des 1. und 2. Standes, teure Hofhaltung (Versailles), Kriege Ludwigs XVI.	Das Volk = Schindmähre seines Königs, Z. 18
„Es erhob sich", Z. 18	14. Juli 1789 Sturm auf die Bastille	
„Männer traten zusammen", Z. 19	Ballhausschwur, Nationalversammlung in Versailles, um eine Verfassung auszuarbeiten	
„ein König sei ein Mensch wie ein anderer auch ...", Z. 20 f. „Dann erklärten sie die Rechte des Menschen", Z. 23 ff.	26. August 1789 Erklärung der Menschen- und Bürgerrechte → Verabschiedung der Verfassung am 3. September 1791 (konstitutionelle Monarchie)	
„Der König schwur dieser Verfassung treu zu sein", Z. 33 f.	Annahme der Verfassung durch König Ludwig XVI.	
„[König] wurde aber meineidig", Z. 34	Fluchtversuch Ludwigs XVI. im Juni 1791 und Kontakte zu ausländischen Monarchen mit dem Ziel der Wiedereinsetzung des Königs	
Das Volk richtete den König, Z. 35	21. Januar 1793 Hinrichtung Ludwigs XVI.	„wie es einem Verräter geziemt", Z. 35
„Dann schafften die Franzosen die erbliche Königswürde ab", Z. 36	In Wirklichkeit vorher: 21. September 1792 Errichtung der Republik 4. August 1793 Plebiszit über die neue republikanische Verfassung und am 10. August Proklamation der neuen Verfassung (Art. 7: Das souveräne Volk ist die Gesamtheit der französischen Bürger)	„wozu jedes Volk nach der Vernunft und der heiligen Schrift das Recht hat", Z. 37 f. Büchner übergeht hier die Aufhebung von Gewaltenteilung, Freiheit und Pluralismus durch die Einrichtung quasi-diktatorischer Organe wie Revolutionstribunal und Wohlfahrtsausschuss
„Die übrigen Könige aber entsetzten sich [und stürzten] von allen Seiten auf Frankreich", Z. 43 f.	1792 Militärkonvention Österreich-Preußen, Manifest des Herzogs von Braunschweig und preußische Invasion Frankreichs (19. August)	„erste Königsleiche", Z. 44 f. „ihre misshandelten Untertanen", Z. 45 f.
Das Volk „zerschmetterte die Söldner der Könige", Z. 50 ff.	20. September 1792 Kanonade von Valmy – Wendepunkt des Krieges → Besetzung von Mainz durch französische Truppen und weitere Kriegserklärungen an England, die Niederlande und Spanien	„erdrückte", „zerschmetterte" – die „junge Freiheit wuchs im Blut der Tyrannen", Z. 52 → vgl. auch Text der Marseillaise „bebten die Throne", „jauchzten die Völker", Z. 53
Franzosen erhoben Napoleon auf den Thron, Z. 53 ff.	Napoleons Aufstieg begann 1796 und ist seinen ruhmreichen Feldzügen zu verdanken; 9. November 1799 Staatsstreich Bonapartes; 2. August 1801 Konsul auf Lebenszeit; 2. Dezember 1804 als Napoleon I. Kaiser der Franzosen	„verkauften selbst ihre junge Freiheit für den Ruhm", Z. 54
„Da ließ der Allmächtige das Heer des Kaisers in Russland erfrieren und züchtigte Frankreich", Z. 55 ff.	Ab September 1812 französischer Feldzug nach Russland; Niederlage Napoleons und Sieg der Koalition bei der Völkerschlacht von Leipzig 1813 → Juni 1815 endgültiger Sieg über Napoleon bei der Schlacht von Waterloo	Kriegsniederlage wird als gerechte Strafe Gottes eingestuft
Bourbonen werden wieder zu Königen, Z. 58	Nach dem Sieg der antinapoleonischen Koalition kehrte Ludwig XVIII. im April 1814 aus dem Exil nach Frankreich zurück und bestieg als Nachfolger seines guillotinierten Bruders den französischen Königsthron	„die dickwanstigen Bourbonen", Z. 58
„Tapfere Männer im Julius 1830", Z. 62 ff.	König Karl X., der seinem Bruder Ludwig XVIII. auf den Thron folgte, stellte den politischen Kompromiss infrage und wurde, als er im Juli 1830 die Pressefreiheit aufhob, gestürzt	„tapfere Männer", „meineidiger König", Z. 62

„band sich in dem Heuchler Louis Philipp eine neue Zuchtrute auf", Z. 65 f.	Folge war keine Demokratisierung, sondern Einsetzung des Herzogs von Orléans zum „König der Franzosen" als Louis-Philippe; Absenkung des Wahlzensus, aber Härte gegenüber sozialen Protesten	„Heuchler", Z. 65, „neue Zuchtrute", Z. 66
„Große Freude in Deutschland und Europa, als der zehnte Karl vom Thron gestürzt ward", Z. 66 ff.	Europaweite Folgen der Julirevolution 1830: Druck auf die monarchischen Regierungen	
„die unterdrückten deutschen Länder richteten sich zum Kampf für die Freiheit", Z. 68 f.	Wiedererstarken der Nationalbewegung im Vormärz → Hambacher Fest 1832, Farben Schwarz-Rot-Gold	„die listigen unter ihnen", Z. 70
„Da ratschlagten die Fürsten […] Wir wollen euch die Freiheit schenken", Z. 69 ff.	Bereits 1818–20 (!) Verfassungen der Fürsten Bayerns, Württembergs, Badens, Hessen-Darmstadts; auf neuerlichen Druck der nationalen und liberalen Bewegungen wandelten sich nun auch weitere Staaten in konstitutionelle Monarchien, z. B. Sachsen und das Königreich Hannover	
„warfen sie einige Brocken hin", Z. 74		„zitternd vor Furcht warfen sie einige Brocken hin", Z. 74
Das Volk […] legte sich zur Ruhe, Z. 75 f.	Politisch ruhige Zeit bis 1848, sogenanntes Biedermeier	„das Volk traute ihnen leider", Z. 75; „so ward Deutschland betrogen", Z. 76
Was sind diese Verfassungen, Landtage, Wahlgesetze?, Z. 77 ff.	Die Verfassungen des 19. Jahrhunderts vor der Paulskirchenverfassung von 1848 kannten keine Volkssouveränität und auch kein direktes, allgemeines und gleiches Wahlrecht, wählen sollte nur, wer finanziell auch in der Lage war, ein politisches Amt auszuüben	„nichts als leeres Stroh", „langsame Fuhrwerke" , Z. 77 ff.; „Raubgier der Fürsten", Z. 80 f. ; „Wahlgesetze sind Verletzungen der Bürger- und Menschenrechte", Z. 83 f.
Verfassung des Großherzogtums, Z. 86 ff.	Die im Dezember 1820 eingeführte Verfassung des Großherzogtums Hessen bedeutete das Ende des Absolutismus zugunsten einer konstitutionellen Monarchie; allerdings blieb die politische Macht in den Händen des Adels und der reichsten Bürger: aktives Wahlrecht (über Wahlmänner!) war an Alter (25) und Steueraufkommen gebunden.	„Großherzog […] unverantwortlich", Z. 88; „eine solche Verfassung ist ein elend jämmerlich Ding", Z. 100

4 Büchners innerer Zwiespalt muss groß gewesen sein. Auf der einen Seite Empörung über die rechtlose Lage der Handwerker und Bauern, auf der anderen Seite die Erkenntnis, bedingt durch das Studium der Französischen Revolution, dass ein politischer Umsturz in Chaos und Schrecken endet. Vermutlich muss man sich Büchner als potentiellen Revolutionär vorstellen, dem der Glaube fehlt, dass aus einem Umsturz Gutes erwachsen kann.

Kopiervorlage 13 → S. 24

1 Die gesellschaftliche Wirklichkeit entspricht nicht den biblischen Gerechtigkeitsvorstellungen; Besitz und Bildung sind ungleich verteilt; Kriege machen Land unfruchtbar; Staatseinnahmen werden erpresst; statt Ordnung herrschen Armut und Not; deutliche soziale Schere zwischen Obrigkeit und Untertanen; die Menschenrechte werden nicht gewährleistet.

Büchner fordert indirekt soziale und politische Gleichheit, gleiche Verteilung der Lasten auf alle, Abschaffung sozialer Not, Einhaltung der Menschenrechte; seine republikanische Überzeugung tritt hier deutlich hervor.

2 Seine Argumentation zielt ab auf die Bewusstmachung der gravierenden Ungleichheit; dabei benutzt er Bibel und Bibelsprache als anerkannte Autorität der ungebildeten Bevölkerung; der biblische Duktus erinnert an die Vorstellung der urchristlichen Gleichstellung der Menschen.

3 Büchner spricht in antithetischen Bildern („kurzer Sonntag" – „langer Werktag", „feiste Gesichter" – „Schwielen"). Ist vom einfachen Volk die Rede, verwendet Büchner Begriffe aus dem natürlichen und kreatürlichen Bereich („Getier", „Dünger", „Ackergäule", „Herde"), um die menschenunwürdige Behandlung schärfer hervorzuheben. Die Herrschenden werden als feist, faul, vornehm und erpresserisch karikiert.

Zugleich legt er Zahlenmaterial vor und will die Bürger aufklären und mündig machen. Die Staatsvorstellung hebt darauf ab, dass „alle" darin vereinigt sind. Z. T. erinnert seine Sprache an die kannibalisch-hyperbolische Volksrhetorik in „Dantons Tod", Szene I,2: „sie haben die Häute der Bauern an". Die Aufzählung der zahlreichen „-räte" zielt auf ironische Wirkung ab, wie auch der Satz „sie haben dafür die Mühe, euch zu regieren".

Modul V: Die Erschließung des Dramas

INTENTION	Dieses Modul dient der Erschließung des Dramas. Dabei stehen die Erschließung einer Dramenszene, Figurencharakterisierung, Dialoganalyse, Personenkonstellationen und Konfliktgestaltung im Zentrum. Zeit und Ort werden am Rande angesprochen, aber nicht eigens untersucht. In Modul VI werden zusätzlich einzelne thematische Aspekte des Dramas bearbeitet; außerdem wird zu Beginn von Modul VII die Sprache einzelner Figuren genauer untersucht werden.
ZEITBEDARF	1 Unterrichtsstunde (KV 14), 1 Doppelstunde (KV 15), 1 Unterrichtsstunde (KV 16), 1 Doppelstunde (KV 17), 1 Unterrichtsstunde (KV 18), 1 Unterrichtsstunde (KV 19), 1 Unterrichtsstunde (KV 20), 1 Unterrichtsstunde (KV 21)
MATERIAL	KV 14: Erschließungsaspekte für ein Drama auswählen KV 15: Die Exposition des Dramas (I,1) exemplarisch analysieren *Klett Editionen mit Materialien, S. 4 ff.* KV 16: Danton und Robespierre – einen Dialog analysieren (I,6) *Klett Editionen mit Materialien, S. 23 ff.* KV 17: Danton und Robespierre – gegensätzliche Figuren vergleichend charakterisieren KV 18: Den historischen mit dem literarischen Danton vergleichen KV 19: Der private und der öffentliche Danton – eine Rede analysieren (III,4) *Klett Editionen mit Materialien, S. 52 ff.* KV 20: Figurenkonstellationen im Drama untersuchen KV 21: Die Frauenfiguren des Dramas erschließen *Klett Editionen mit Materialien, S. 122 f.: Dietrich Steinbach: Die Frauenfiguren in „Dantons Tod"*
DIDAKTISCHE HINWEISE	Zu Anfang des Moduls (KV 14) wiederholen die Schülerinnen und Schüler die einzelnen Erschließungsaspekte, die für die Dramenanalyse wesentlich sind. Es kann vorausgesetzt werden, dass ihnen diese bereits im Groben bekannt sind. Es sollte die Gelegenheit zur Wiederholung und Vertiefung genutzt werden, um eine systematische Erschließung zu gewährleisten. Mithilfe von KV 15 wird die erste Szene des Dramas, die Expositionsszene, untersucht, die als Drama in nuce gedeutet werden kann. Hier werden bereits die wesentlichen Aspekte der Handlung und der Figurengestaltung deutlich erkennbar. KV 16 und KV 17 dienen der Charakterisierung der beiden Kontrahenten Danton und Robespierre. Die Schülerinnen und Schüler wiederholen, wie Figuren in einem Drama gestaltet werden und erarbeiten zunehmend selbstständig die Charakterisierung der beiden Hauptfiguren. Dabei sollte deutlich werden, dass Danton reicher und komplexer gezeichnet ist als Robespierre. Der Text des Literaturwissenschaftlers Hans Mayer auf KV 18 verweist auf die Unterschiede zwischen dem historischen Danton im Vergleich zu seiner literarischen Überformung durch Büchner. KV 19 widmet sich einem weiteren Aspekt der Hauptfigur Danton, dem Rhetoriker Danton: Seine Rede vor dem Revolutionstribunal in III,4 wird hier beispielhaft analysiert. Dabei wiederholen die Schülerinnen und Schüler Aspekte der Redeanalyse und wenden diese exemplarisch an. Nach der Behandlung der Kopiervorlagen 16–10 sollte die Figur des Danton den Schülerinnen und Schülern in ihrer Komplexität und Widersprüchlichkeit anschaulicher und fassbarer geworden sein. Auf einer eindeutigen Sicht der Figur muss im Unterricht nicht beharrt werden. Sie kann mit ihrer ambivalenten Anlage offen für unterschiedliche Interpretationen bleiben.

Nachdem die Figuren Danton und Robespierre exemplarisch analysiert wurden, erfolgt abschließend in KV 20 die Gegenüberstellung der beiden Fraktionen – hier Dantonisten, dort Robespierristen. Damit kommen die weiteren Figuren des Dramas in den Blick und werden deren Einstellungen begrifflich gefasst und ausformuliert. Der Sinn dieser Übung liegt vor allem darin, antithetische Begrifflichkeiten zu formulieren. Die tabellarische Gegenüberstellung nach verschiedenen Aspekten geht zwar nie ganz auf, verdeutlicht aber das Kontrastprinzip, das diesem und vielen anderen Stücken (namentlich zu geschichtlichen Stoffen) zugrunde liegt.

KV 21 nimmt die Frauengestalten des Stückes in den Blick.

ZIELVORSTELLUNGEN/ KOMPETENZ-BESCHREIBUNGEN

Die Schülerinnen und Schüler erwerben und verfügen über folgende Kompetenzen. Sie
- wiederholen und üben typische Erschließungsaspekte im Drama
- wiederholen und verwenden Fachbegriffe, die für die Dramenanalyse unverzichtbar sind
- analysieren die Expositionsszene eines Dramas
- charakterisieren Dramenfiguren, stellen sie im Vergleich gegenüber und analysieren die Figurenkonstellation
- erarbeiten die Gestaltung von Dramenfiguren
- untersuchen die sprachliche Gestaltung eines Textes
- lernen literaturgeschichtliche Vergleichstexte kennen
- wiederholen die Aspekte der Redeanalyse und analysieren eine Gerichtsrede
- gestalten Textausschnitte aus dem Drama sprachlich, gestisch und mimisch und tragen diese vor
- visualisieren Untersuchungsergebnisse, indem sie Schaubilder erstellen
- bearbeiten kreative Gestaltungsaufgaben

SOZIALFORM

Einzelarbeit/Partnerarbeit/Gruppenarbeit/Unterrichtsgespräch

METHODISCHES VORGEHEN/ UNTERRICHTSSCHRITTE

1. KV 14 kann sinnvoll auf acht Kleingruppen verteilt werden. Die Ergebnisse werden auf einem großen Bogen Papier zusammengefasst, der im Kursraum an gut sichtbarer Stelle angebracht wird und dort verbleibt. Die Lehrkraft sollte auf korrekte Terminologie achten und darauf, dass die Schülerinnen und Schüler sich kurz fassen.

2. Für die Analyse und Interpretation der Expositionsszene (KV 15) wird eine Doppelstunde benötigt. Als methodischer Zugang wird das Anfertigen einer sogenannten Concept-Map vorgeschlagen. Eine Concept-Map dient der grafischen Veranschaulichung von Textzusammenhängen. Zu unterscheiden ist die Concept-Map von der Mind-Map, die eher ein Brainstorming ist.
   Bei der Concept-Map ergibt sich die Struktur aus der Semantik ihrer Begriffe. Sie regt darum zum analysierenden und reflektierenden Denken über den Gegenstand der Concept-Map an. Bei der Concept-Map werden die Beziehungen zwischen Personen und Begriffen durch Pfeile verdeutlicht, die Wichtigkeit von Personen, Themen, Beziehungen wird durch die Größe der Kästchen verdeutlicht. Dadurch wird das systematische In-Beziehung-Setzen von Sachverhalten gefordert.
   Das Erstellen von Concept-Maps benötigt deutlich mehr Zeit im Vergleich zur Mind-Map. Es sind in der Regel mindestens drei Neukreationen, Umstrukturierungen etc. nötig. Gerade in diesem Entstehungsprozess liegt der kognitive Gewinn.
   Die Concept-Map wird arbeitsteilig von verschiedenen Gruppen erstellt und anschließend verglichen. Durch den Vergleich und der Bewertung der unterschiedlichen Ergebnisse wird die Komplexität der Szene am besten deutlich. Auf alle Fälle sollte am Ende ein systematischer grafischer Überblick über diese erste Szene des Dramas stehen. Eine kurze mündliche oder schriftliche Zusammenfassung zu I,1 als Expositionsszene rekapituliert die Ergebnisse der Doppelstunde.
   (Eine ausführliche Gesamtanalyse der Szene I,1 ist enthalten in „Klausurtraining ‚Dantons Tod'", ISBN 978-3-12-352442-4)

3. Die Tabelle in KV 16 wird in Partnerarbeit erstellt. Die einzelnen Ergebnisse werden dann auf Folie präsentiert und zur Diskussion gestellt. Der Vergleich von Danton und Robespierre sollte die unterschiedlichen Positionen deutlich machen; dabei sollte die größere geistige Tiefe Dantons herausgestellt werden.
   Die anschließende kreative Übung macht die verschiedenen Anschauungen auch gestisch, mimisch und verbal sichtbar.
   Die Analyse von Robespierres Monolog zeigt ihn als Charakter, der durchaus zu Reflexion und zumindest kurzem Zaudern imstande ist, auch wenn er – anders als Danton in II,5 – sein Gewissen nicht allzu lang beschwert.
4. KV 17 ist als Übung für die Figurencharakterisierung gedacht. Die Schülerinnen und Schüler sollen in Partnerarbeit die mit KV 16 begonnene Arbeit vervollständigen und ein Charakterbild Dantons und Robespierres erstellen. Der erste Arbeitsauftrag knüpft an die vorherigen Stunden an. Hier wird Elementares noch einmal wiederholt und verdeutlicht. Die Arbeitsaufträge 2 und 3 verlangen eine gute Kenntnis des Stückes.
   Nach der bisherigen analytischen Arbeit am Stück wird mit einer kreativen Gestaltungsaufgabe abgeschlossen. Die Schülerinnen und Schüler sollen nach einem Muster aus den Klett Editionen einen feuilletonistischen Text über Robespierre verfassen.
5. Der Text von Hans Mayer (KV 18) blickt noch einmal aus einer ganz anderen Perspektive auf die Figur Danton und vertieft dadurch das Verständnis für die Komplexität des literarischen Dantons. Während nach H. Mayer der historische Danton an seinen politischen Fehleinschätzungen scheitert, hat Büchner seiner literarischen Figur bereits das Wissen um das tragische Scheitern der Revolution mitgegeben. Dantons Passivität, seine Skepsis erklären sich aus diesem Umstand. Büchners Danton ist klüger als sein historisches Vorbild, ist nicht mehr unmittelbar Handelnder im geschichtlichen Prozess, sondern Reflexionsfigur des Dichters nach Beendigung der Revolution.
   Die Schülerinnen und Schüler lesen den Text in Partnerarbeit und erörtern dann die Thesen Mayers.
6. Die kreative Gestaltungsaufgabe aus KV 16 wird in KV 19 fortgeführt. Schülerinnen und Schüler erhalten als vorbereitende Hausaufgabe den Arbeitsauftrag, Dantons Rede vor dem Revolutionstribunal einzuüben. Sie müssen den Text nicht frei vortragen können, allerdings wird erfahrungsgemäß die/der eine oder andere es doch versuchen. Es sollte genug Zeit bleiben, die Gestaltungsübung der Schülerinnen und Schüler zu besprechen und auszuwerten, bevor die Analysearbeit an der Rede beginnt.
   Die Schülerinnen und Schüler sollen dabei entsprechend der vorgegebenen Untersuchungskategorien strukturiert vorgehen. Ihre Ergebnisse halten sie zuerst in kurzen Stichpunkten fest und formulieren dann einen zusammenhängenden Text aus. Bei knapper Zeit kann die Redeanalyse auch arbeitsteilig in Gruppen durchgeführt werden. Die Ergebnisse werden dann anschließend auf Folie präsentiert.
7. KV 20 verlangt zunächst eine Grafik, die zeigt, in welcher Beziehung die Figuren des Dramas zu Danton stehen. Ein Entwurf kann von einer Schülerin/einem Schüler an der Tafel vorgestellt werden.
   Die Tabelle, die die Unterschiede zwischen den „Dantonisten" und den „Robespierristen" erfassen soll, wird in Gruppenarbeit ausgefüllt. Gegebenenfalls müssen Begriffe wie „Ideologie", „soziale Revolution" oder „Epikur" im Vorfeld geklärt werden. Gut wäre, wenn eine Schülerin/ein Schüler schon im Vorfeld anhand eines Philosophielexikons den Begriff „Epikureismus" vorbereitet hätte und kurz informieren könnte.
   Die Schülerinnen und Schüler präsentieren ihre Ergebnisse und vergleichen sie miteinander. Im Unterrichtsgespräch werden diese dann zusammengefasst.

8. KV 21 fordert erneut eine kreative Aufgabe. Den Einstieg bildet ein kurzes Unterrichtsgespräch über die verschiedenen Frauenfiguren des Stückes. Die Abbildung auf der Kopiervorlage bietet Gelegenheit, über die Affinität aller Frauenfiguren zum Tod zu sprechen. Um das Schreiben der Briefe zu erleichtern, werden Formulierungen aus zeitgenössischen Briefen vorgegeben. Die Briefformeln sind angelehnt an den Abschiedsbrief des Arztes und Konventsmitglieds Jean-Baptiste Salle an seine Frau vom Juni 1794. (Vgl. das von Gustav Landauer herausgegebene Buch „Briefe aus der französischen Revolution", Berlin: Kulturverlag Kadmos 1999, S. 462 f.)
   Wenn die Schülerinnen und Schüler Gefallen an der Aufgabe finden, kann man auch Antwortbriefe der Frauen verfassen lassen. Das Thema Abschied kann weiter vertieft werden, indem eine Schülerin/ein Schüler in einem Kurzreferat als eindrucksvolles Zeugnis den echten Abschiedsbrief von Camilles Desmoulins an Lucile Laridon-Duplessis vom 12. Germinal 1794 vorstellt. (Vgl. Landauer, S. 156 ff.)
   Als Hausaufgabe wird die Lektüre des Textes „Die Frauen in ‚Dantons Tod'" (Klett Editionen mit Materialien, S. 122 f.) gestellt. Die Schülerinnen und Schüler sollen die wichtigsten Thesen über die Frauen zusammenfassen und vergleichen, ob und wie ihre Briefe zu den Aussagen des Textes stimmen.
   Durch den Sachtext wird sichergestellt, dass die Erkenntnisse, die die Schülerinnen und Schüler bei der kreativen Aufgabe gewonnen haben, nicht im Allgemeinen und Ungefähren bleiben, sondern auf eine Reflexionsebene gehoben werden.

Lösungen

Kopiervorlage 14 → S. 25

1 *Aufbau, Strukturelemente:* Akteinteilung, Szenen, Handlungsaufbau, Exposition, steigende und fallende Handlung, Höhepunkt, Schluss; geschlossenes und offenes Drama, aristotelische Einheiten, Freytag-Pyramide, analytisches Drama etc.

Handlung, Konflikt: Äußere und innere Handlung, offene und verdeckte Handlung, Rahmenhandlung, Konflikte zwischen Standesvertretern, Frauen und Männern, Parteien und Gruppierungen; Konflikte können sich tragisch oder komisch lösen, eskalieren oder ungelöst bleiben etc.

Figurengestaltung: Direkte und indirekte Charakterisierung; Hauptfiguren oder -personen sind meist komplexe, Nebenfiguren eher flache Charaktere; sind sie allein auf einen Charakterzug reduziert, spricht man von Typen; es gibt darüber hinaus statisch und dynamisch angelegte Figuren, es gibt freie und determinierte Figuren, es gibt Figuren, die das Böse verkörpern und andere, die als Ventil wirken (Narr); es gibt Helden und Antihelden etc.

Figurenkonstellation: Besonders häufig Protagonist – Antagonist; der Held kann als Zentralfigur im Mittelpunkt stehen; es kann eine Dreieckskonstellation bestehen etc.

Zeit, Zeitgestaltung: Bedeutung von Beginn und Ende der Handlung sowie Beginn und Ende jeder einzelnen Szene/jedes Aktes, Dauer der Handlung, Verhältnis Spielzeit/gespielte Zeit, chronologische Abfolge der Szenen, Zeitsprünge, Handlung auf verschiedenen Zeitebenen, ausschnitthafte fragmentarische Handlung, Vor- und Rückblenden.

Raum, Raumgestaltung: Konkrete und imaginäre Orte; Räume, die Stimmungen transportieren oder symbolische Bedeutung haben; Räume auf der Bühne und außerhalb der Bühne (Teichoskopie, Botenbericht); soziale Milieuräume etc.

Sprache, Dialoggestaltung: Monologe und Dialoge, Kunstsprache mit hoher Rhetorik und in Versform (im klassischen Drama), Prosasprache seit Ende 18. Jahrhundert, Umgangssprache, Milieusprache im modernen Drama; aufeinander eingehen und aneinander vorbeireden, Sprache, Gestik und Mimik, nonverbales Sprechen (Regieanweisungen), Pantomime etc.

Thema, Stoff, Motive: Im Barock Haupt- und Staatsaktionen (Tragödien großer Persönlichkeiten), in der Aufklärung das bürgerliche Trauerspiel (Vermittlung bürgerlicher Werte), in der Klassik das klassische Drama (Konflikte zwischen Individuum – Gesellschaft, humanistische Werte), im Naturalismus Aufzeigen sozialer Determiniertheit, in der Moderne Aufzeigen des Dissens', der absurden Welt oder dann politisches episches Theater (Brecht). Je nach Genre (Tragödie, Komödie, Tragikomödie, Groteske) werden die Themen unterschiedlich behandelt → Genremix in der Gegenwart.

2 Besonders ergiebig für „Dantons Tod" scheinen die ersten vier Erschließungsaspekte sowie Sprache und Themen/Motive zu sein.

Kopiervorlage 15 → S. 26

1 und 2 *Personen:* Danton als Antiheld, seine Frau Julie, Hérault-Séchelles und eine Dame, dann Dantons Mitstreiter Camille Desmoulins und Philippeau

Handlungsort: Spielsalon, eventuell im Palais-Royal

Zeitpunkt: Jahr 1794, Hébertisten-Hinrichtung war am 24. März, „heute sind wieder zwanzig Opfer gefallen" bezieht sich wahrscheinlich nicht auf dieses Ereignis, sondern auf eine erneute Hinrichtung.

Zentrale Themen: Bewusstsein der Vereinsamung, Unmöglichkeit zwischenmenschlicher Kommunikation, Sinnlosigkeit und Antriebslosigkeit bei Danton. Seine Freunde dagegen vertreten optimistische politische Programme: Ende des Terrors, Einrichtung eines Gnadenausschusses (Philippeau), Genussphilosophie, Rechte statt Pflichten, Liberalismus (Hérault), Lebensbejahung, Schönheitssinn, Epikureismus (Camille).

3 I,1 führt uns einen Schauplatz vor, der auf den ersten Anschein nichts mit der Geschichte der Französischen Revolution zu tun hat. Einen Nebenschauplatz der Geschichte (im Gegensatz zu Straße, politischer Versammlung oder Hinrichtungsstätte). Und doch befinden wir uns schon im Zentrum der Handlung. Alle Themen des Stückes werden hier bereits angeschnitten und vorgeführt.

Das Palais-Royal ist der Ort des „Lasters", das den Hauptanklagepunkt gegen die Dantonisten hergeben wird. Zugleich ist es ein Raum, an dem alles möglich ist, ein geradezu paradiesischer Ort: Hier finden Kartenspiel, Erotik, intime Gespräche, existenzielle Fragen und politischer Klartext ihren Platz; ein Rückzugsraum und ein Raum der Weite und Freiheit zugleich. Draußen herrschen das „Gesetz über die Verdächtigen", Terror und Diktatur. Über der ganzen Szene liegt eine beunruhigende Mischung aus Tändelei und Untergangsstimmung, aus Todesmetaphorik und Liebe, aus rhetorischem Furor und spielerischem Leichtsinn. Das Stück setzt historisch zu einem Zeitpunkt ein, da das Ende schon absehbar ist. „Verloren!" (Dame, S. 5) lautet das Schlüsselwort in der Eingangsszene am Spieltisch. Das heißt: Das Unabwendbare, der Tod Dantons, ist bereits besiegelt. Das Stück präsentiert uns nur noch das Sterben. Der Spieltisch selbst steht dabei als Metapher für den Geschichtsverlauf. Die Welt ist eine Bühne, die Menschen sind dem Zufall überlassen. Später wird Danton diese Einsicht mit der Metapher von der Marionettenhaftigkeit des menschlichen Daseins selbst formulieren (II,5).

4 Der I. Akt erfüllt folgende Kriterien einer Exposition:
- Anknüpfung nach vorne: Bericht von den Hinrichtungen (nach Art eines Botenberichts)
- Protagonisten werden vorgestellt
- Konflikt: politische Forderungen der Dantonisten als Gegenposition zu den Anhängern von Robespierre
- Motivation der weiteren Handlung: Es wird hier schon deutlich, woran die Dantonisten scheitern werden; die Eingangsszene nennt die Gründe für die spätere Verhaftung und belegt die geringe Gegenwehr
- Ort und Zeit der Handlung werden konkretisiert
- Andererseits ungewöhnlicher Dramenbeginn in medias res: keine Hinführung, keine Einstimmung der Szenen
- Verwirrender szenischer Aufbau in I,1 und I,2: simultane Kommunikation, fragmentarische Handlungen, fragwürdige Figuren
- Antiheld anstelle des typischen Helden eines Geschichtsdramas

Kopiervorlage 16 → S. 27

1

Szene I,6	Danton	Robespierre
Politische Überzeugung	- Ende der Politik des Terreur - Für individuelle Freiheit	- „Die soziale Revolution ist noch nicht fertig"
Tugendbegriff	- Tugend ist kein absoluter Wert - Robespierres Tugendideal ist nur Ideologie und verlogen	- „Die Tugend muss durch den Schrecken herrschen"
Moralische Haltung	- Robespierre ist empörend rechtschaffen, hat nur Vergnügen daran, andere schlechter zu finden als sich selbst	- „Das Laster muss bestraft werden"
Rechtsauffassung	- Wo Notwehr endet, beginnt Mord - Verschonung der Unschuldigen, d.h. Überprüfung der Urteile	- Ablösung der Tat von der Absicht, lieber Handeln als Zögern (auch wenn Unrecht geschieht)
Naturbegriff	- Jeder handelt seiner Natur gemäß	- „Gesunde Volkskraft"

Gewissensbegriff	- „Das Gewissen ist ein Spiegel, vor dem ein Affe sich quält"; d.h. der Homo sapiens kann kein gutes Gewissen besitzen	- „Mein Gewissen ist rein"
Kommunikationsverhalten	- Beweglich, gewandt, angriffslustig	- Entschieden, unbelehrbar, defensiv, apodiktische Argumentation
Schlüsselbegriffe	- Verfügt nicht über so feste und starre Begriffe wie Robespierre - Republik, Epikureer	- Tugend, Laster, Hochverrat, soziale Revolution
Sprechweise, Rhetorik	- Witzig, pointiert, philosophisch, komplex, rhetorische Fragen, anschaulich, bildreich	- Sprache der Logik, des Rechts und der Gewalt, unsinnlich, abstrakt, schwarz-weiß, simpel

2 Individuelle Lösung.

3 Selbstzweifel angesichts von Dantons Vorwurf, er habe ihm die Absätze von den Schuhen getreten, weil jeder ein Epikureer sei (d.h., niemand handelt aus Überzeugung oder aus Gründen, die seiner Natur entgegenstehen); fürchtet Konkurrenzvorwurf („zuviel Schatten auf mich geworfen"); Gewissensbisse („Das Blut schlägt immer durch"); Absage an Prinzipien und sichere Motive des Handelns („Ob der Gedanke Tat wird […], das ist Zufall.").

4 Die Szene II,5 ist parallel gebaut zu Robespierres Monolog in I,6. Nacht und Fenster sind jeweils Übergangsort zwischen Bewusstsein und Unterbewusstsein. Während in Maximilien de Robespierre Zweifel aufkommen hinsichtlich der Richtigkeit und Begründetheit seines Handelns, wird Danton von den Gespenstern des 2. September verfolgt.

Dantons Argumentation schließt an S.30, Z.12 an: „Wir haben nicht die Revolution, sondern die Revolution hat uns gemacht". Das Bild vom Ross steht für die Eigendynamik der Revolution; aus dem Täter wird quasi ein Opfer: „So ward ich geschleift" und „Puppen sind wir von unbekannten Gewalten am Draht gezogen". Robespierre und Danton stellen hier beide die Frage nach dem Übergang zwischen Gedanke und Tat sowie nach dem Wirken des Unbewussten. Beide enden damit, dass sie ihr Handeln in Analogie zum Tod Christi setzen: Robespierre sieht sich in der Messias-Rolle des Heilsbringers, der aber im Gegensatz zu Christus die „Qual des Henkers" habe und nicht mit seinem Blut die Welt erlöst, sondern in grotesker Umkehrung die anderen mit ihrem eigenen Blut zu erlösen meint. Danton sieht sich in der Rolle des Judas: „Der Mann am Kreuze hat sich's bequem gemacht: Es muss ja Ärgernis kommen. Doch wehe dem, durch welchen Ärgernis kommt."

Kopiervorlage 17 → S.28/29

1 *Durch Regieanweisung:* Distanz (sitzt „etwas weiter weg"), Nähe („zu Füßen von Julie")

Durch Aussagen anderer: Vertrauensverhältnis zu Julie („du kennst mich Danton"), Wortführer der gemäßigten Opposition („du wirst den Angriff machen"), nur scheinbares Desinteresse („glaubt ihr er könne die Finger davon lassen, wenn es zum Handeln kömmt?"), Spielernatur (betreibt Politik „bloß zum Zeitvertreib")

Durch eigene Aussagen: Experte/Insider (entlarvt das doppelte Spiel der „hübschen Dame"), distanzierter Skeptiker („Wir wissen wenig voneinander", „wir haben grobe Sinne", „wir sind sehr einsam"), Sehnsucht nach Ruhe (im Schoß von Julie und im Tod), kokettiert mit dem Tod („Du süßes Grab", „Julie, ich liebe dich wie das Grab"), Politikmüdigkeit (Nonsensrhetorik „Ich werde, du wirst …", „sie reiben mich mit ihrer Politik noch auf"), Realist („Wenn wir bis dahin noch leben, sagen die alten Weiber", „Finger verbrennen" – Hinweise auf drohende Gefahr)

Durch Gestik: Isolation (geht vor Ende der Szene ab)

Gesamteindruck: Psychologisch komplexer Charakter

2 *Der Genießer und Lasterhafte:* Z.B. im Spielsalon I,1; im Bordell I,5; in I,6: „Es gibt nur Epicuräer und zwar grobe und feine […] Jeder handelt seiner Natur gemäß, d.h. er tut, was ihm wohl tut", ebenso am Ende von IV,3; in IV,5: „Die Freiheit und eine Hure sind die kosmopolitischsten Dinge unter der Sonne." Robespierre wirft ihm vor: „Er will die Rosse der Revolution am Bordell halten machen." (I,6)

Der müde Revolutionär: Z.B. in I,1 und II,1: „Ich hab es satt, wozu sollen wir Menschen miteinander kämpfen? Wir sollten uns nebeneinander setzen und Ruhe haben" und in III,4: „das Leben ist mir zur Last, man mag es mir entreißen, ich sehne mich danach, es abzuschütteln."

Der Gelangweilte: II,1

Der Arglose: Z.B. in II,4: „Sie werden's nicht wagen"; am Ende von II,1; vgl. auch III,1: „ich dachte nicht, dass sie es wagen würden."

Der Nihilist und Atheist: III,7 und IV 3; in III 4: „Das Nichts wird bald mein Asyl sein" – „Meine Wohnung ist bald im Nichts und mein Name im Pantheon der Geschichte."

Der Liebende: I,1 und IV,3

Der Ängstliche: Vor allem in III,7 und in II,5 (Gewissensqual)

3 Mögliche Charakterisierungen Robespierres: der Politiker, der Asket, der Tugendhafte, der Rhetoriker, der kühle Rationalist, der Unerbittliche. Bei Maximilien de Robespierre wird die Privatsphäre ausgeblendet; er tritt nur als öffentliche Figur in Erscheinung, als Politiker und Gegenspieler Dantons.

Büchner hat Robespierre vor allem als Gegenentwurf zu Danton konstruiert: Dantons Passivität steht Robespierres Entschlossenheit gegenüber, dessen Genussstreben seine Askese, dessen Leidenschaft sein Kalkül, dessen Laster seine Unbestechlichkeit, dessen Epikureismus seine tugendhafte Aura (vgl. Beschreibungen in I,2).

Mitreißender Redner, dem es gelingt, seine Zuhörer in Beifall ausbrechen zu lassen: I,3.

Dennoch verwundbar und bis zu St. Justs Eingreifen in I,6 von vorübergehenden Selbstzweifeln geplagt.

Seinen letzten Auftritt hat Robespierre noch vor Beendigung der Hälfte des Stückes in II,7.

Seine zunehmende politische Isolierung wird an der Figur Barrère manifest, der das am 9. Thermidor umgesetzte Komplott gegen Robespierre in Gang setzt: „Robespierre will aus der Revolution einen Hörsaal für Moral machen und die Guillotine als Katheder gebrauchen" (III,6).

Seine Anhänger agieren nicht offen, sondern im Geheimen. (Vgl. dazu III,6.)

4 Eine individuelle Lösung ist gefordert. Der Ton des Textes darf durchaus feuilletonistisch subjektiv sein.

Kopiervorlage 18 → S. 30/31

1 Der historische Danton ist Akteur im geschichtlichen Prozess, weiß nicht mehr und nicht weniger als seine Mitakteure, wie und in welche Richtung die Ereignisse sich entwickeln werden. Er gerät in Gegnerschaft zu Robespierre und den Jakobinern, weil er die politischen Kräfteverhältnisse falsch einschätzt und die Revolution zu einem Zeitpunkt beenden will, der lediglich den bürgerlichen Profiteuren der Revolution helfen würde, ihren Gewinn zu sichern.

Im Gegensatz dazu hat Büchner seine literarische Gestalt mit vertieftem Wissen ausgestattet. Der literarische Danton leugnet die Sinnhaftigkeit jeden Handelns, weil er quasi schon infiziert ist von der Erkenntnis, „dass die Revolution schon verspielt wurde" (Hans Mayer). Büchner zeichnet in seinem Drama nicht lediglich das geschichtlich handelnde Subjekt, sondern das geschichtlich handelnde Subjekt, das schon die Auswirkungen seines Handelns überblicken kann.

Kopiervorlage 19 → S. 32

1 Eine individuelle Lösung ist gefordert.

2 *Redeaufbau:* Danton reißt die Rede an sich, indem er die Personalienfrage verweigert bzw. überraschend verhöhnt, indem er Name und Wohnsitz doppelt ins Jenseits verlegt, zum einen ins theologische Nichts und zum anderen ins Nachleben (Ruhm). Damit macht er von Beginn an seine Verteidigungsrede überflüssig, weil er selbst schon sein Urteil gefällt hat bzw. dem Revolutionstribunal unterstellt, dass es sein Urteil bereits gefällt habe.
Die knappe Verlesung der Anklage verwirft Danton als „Verleumdung", aber anstatt sie zurückzuweisen, wie angekündigt, spricht er dem Gericht die Zuständigkeit ab und wiederholt ähnlich wie eingangs, er selbst habe sein Urteil schon gefällt („was liegt mir an eurem Urteil").
Anstatt auf den Vorwurf der Konspiration einzugehen, streicht Danton seine Verdienste für die Revolution heraus.

Redeabsicht: Danton hält keine Verteidigungsrede, er geht nicht auf den Vorwurf des Tribunals ein und argumentiert auch nicht. Vielmehr hält er eine Laudatio auf sein Leben, damit sich seine anfänglich genannte Prophezeiung („mein Name im Pantheon der Geschichte") erfülle. Er will offenbar zweierlei: zum einen verhindern, dass sein Lebenswerk und seine „Ehre" von den Gegnern in den Schmutz gezogen werden; zum anderen den Beifall des Volkes suchen und damit die Ankläger in Verlegenheit setzen (was auch gelingt: vgl. Beginn III,6).

Redetaktik: Zu Beginn bereits verhöhnt er das Tribunal und erklärt es für nicht zuständig. Sein Hinweis auf fehlende Zeugen und Ankläger ist durchaus berechtigt. Bemerkenswert ist, dass er seine Aufzählung großer Taten auch auf zweifelhafte Verdienste ausweitet, wie die Guillotinierung des Königs und die Septembermorde. Diese Form der Selbstüberschätzung kommentiert St. Just treffend in III,6: „Danton parodierte den Jupiter und schüttelte die Locken."

Rhetorische Mittel: Die „Phrasen für die Nachwelt" (S. 71, Z. 28), wie sie Hérault später nennen wird, sind in ihrem Pathos noch einmal stolzer Selbstbeweis Dantons für seine volkstribunenhafte Rhetorik. Das Stilmittel der Anapher („meine Wohnung" – „mein Name" – „meine Stimme" sowie das mehrfache „ich habe") unterstreicht Selbstbewusstsein und Nachdruck seiner Aussagen, wobei das metonymische „meine Stimme" den rhetorischen Überschwang selbst zum Thema macht. Das von Danton bevorzugte „Ich" steht in deutlichem Kontrast zu Robespierres „Wir" (vgl. I,3 und I,6). Die Revolution wird wiederholt personifiziert (S. 52, Z. 8 und S. 53, Z. 6 f.), ebenso das Schicksal (Z. 18), das ihn aber nicht determiniert, sondern ihn als „starke Natur" geradezu aussucht und braucht, um Geschichte zu machen. Wie auch sonst im Drama neigt Danton zu hyperbolischer Metaphorik („ich werde die platten Schurken in das Nichts zurückschleudern"; „ich habe im September die junge Brut der Revolution mit den zerstückten Leibern der Aristokratie geätzt"), wobei das letzte Bild der grausam-kannibalischen Bildsprache gleicht, die Büchner auch im „Hessischen Landboten" benutzt und dem Volk in den Mund legt (I,2). Die Metaphern am Ende (S. 54, Z. 1 ff.) nehmen bereits die Sprache der Expressionisten vorweg.

3 Der private Danton in II,1 und II,5 schlägt andere Töne an: Einsicht in die Aussichtslosigkeit des Kampfes; sachliche, pathosfreie Sprache (die Pathosrolle kommt in II,1 Camille zu); Sehnsucht nach Ruhe; Vergleich des Lebens mit einem „hübschen", „artigen" Bühnenauftritt. Seine Gewissensbelastung wird deutlich, und er gibt Einblick in sein Innenleben. Dennoch bleibt die Frage: Wo ist der wahre Danton zu greifen? Welche Seite ist die ehrliche/authentische? Gibt es Danton überhaupt ohne Bühne, ohne Theater, ohne Maske?

Kopiervorlage 20 → S. 33

1 Im Zentrum des Dramas steht der Kontrast zwischen Dantonisten und Robespierristen, konkret zwischen Danton und Robespierre (vgl. I,6). Allerdings bleibt Robespierre als Antagonist merkwürdig blass, scheidet auch nach dem II. Akt aus, daher ist Danton eher als Zentralfigur zu sehen, um die sich die anderen – bis in die Nebenfiguren hinein – anordnen. Beiden Hauptfiguren sind abgestuft Nebenfiguren beigesellt: St. Just gehört eng zu Robespierre und ist dabei deutlich entschiedener, berechnender, kälter als er. Camille ist der engste Vertraute Dantons und dabei lebensbejahender, liebesfähiger und optimistischer als dieser. Zu Danton und Camille gehören ihre Frauen Julie und Lucile. Diese verbindet ein Gefühl der Gemeinsamkeit und Liebe; Robespierre und St. Just erleben solche Gemeinschaft nur in den Volksszenen.

Kontrastiv angelegt sind Marion und die Ehefrauen – diese verkörpern die Liebe zu dem einen, jene die Liebe zu allen.

Im Gefängnis stehen sich Mercier und Payne gegenüber. Von all den Freunden Dantons ist Philippeau der Empfindsamste und weniger übermütig und aufmüpfig als die anderen (IV,5 und IV,7).

2 Die politische Grundkonstellation hat Büchner bereits in seinem Brief an Gutzkow aus Straßburg (im Jahr 1835; undatiert) skizziert: „Die ganze Revolution hat sich schon in Liberale und Absolutisten geteilt und muss von der ungebildeten und armen Klasse aufgefressen werden". (Vgl. Tabelle rechts)

Vergleichende Gegenüberstellung der beiden Fraktionen	
Danton und Anhänger	**Robespierre, St. Just und Anhänger**
Griechen	Römer
Erbarmen, Beenden der Hinrichtungen	Fortsetzung der Hinrichtungen, Schreckensherrschaft
Republik	Soziale Revolution
Bezug: Epikur	Bezug: Rousseau
Genuss, Sinnlichkeit, Geselligkeit, Philosophie, Witz	Tugend, Pflichtbewusstsein, Stoizismus, Askese, Politik, Einsamkeit
Emotion, Leidenschaft, Temperament	Fanatismus, Rigorismus, Emotionslosigkeit
Ideale	Ideologie
Gleichberechtigter Umgang mit Frauen, Prostituierten, Künstlern	Hierarchisches Verhältnis zu politischen Gesinnungsgenossen, Delegierten und Bürgern
Offenheit, Geradlinigkeit, Ehrlichkeit	Intrige, Heimlichkeit, Manipulation, Lüge
Schuldbewusstsein, Skrupel	Gewissenlosigkeit, Skrupellosigkeit
Politik aus Leidenschaft	Politik aus Kalkül
Schreien, leiden, weinen	Eine „heroische Fratze" machen
„Fluch des Muss"	„Qual des Henkers"

3 Robespierre und seine Anhänger sind überzeugt davon, zu wissen, was für die Allgemeinheit gut ist. Sie unterwerfen alles ihrem Tugendterror. Das 20. Jahrhundert kennt viele dieser politischen Ideologen, die ihrem selbst gewählten Ziel folgen, ohne Rücksicht auf die Folgen.

Danton und seine Anhänger dagegen sind pragmatisch ausgerichtet. Sie wollen die Revolution beenden, weil sie des Mordens müde sind und einfach wieder das Leben genießen möchten.

Kopiervorlage 21 → S. 34

1 Um die Briefe vorzubereiten, bietet es sich an, im Stück nach Stellen zu suchen, in denen zu der Adressatin bzw. über sie gesprochen wird. Für Lucile wären das etwa die Szenen II,3 und IV,8; für Julie I,1, II,5, IV,1 und IV,6; für Marion I,5.

2 Hier sind individuelle Lösungen gefragt. Die Schülerinnen und Schüler sollten nicht so sehr versuchen, den typischen Tonfall und rhetorischen Gestus des jeweiligen Briefschreibers zu treffen, als vielmehr Empathie für die jeweilige Situation entwickeln. Dabei können sie Zitate aus dem Stück verwenden.

Wichtig ist, dass die Liebesfähigkeit der beiden Frauen Lucile und Julie herausgearbeitet wird. Beide leben sie in und mit ihren Männern. Deutlich werden sollte auch die Bedeutung, die sie für ihre Männer haben. Danton und Camille ziehen viel Kraft und Stärke aus dieser unbedingten Liebe.

Modul VI: Themen und Motive

INTENTION	Das Modul „Themen und Motive" will den Schülerinnen und Schüler einen Zugang zu den philosophisch-ethischen Themen des Dramas geben.
ZEITBEDARF	1 Doppelstunde (KV 22), 1 Unterrichtsstunde (KV 23), 1 Unterrichtsstunde (KV 24), 1 Unterrichtsstunde (KV 25)
MATERIAL	KV 22: Eros und Liebe – Themen und Motive untersuchen KV 23: Spiel, Theater, Bühne – Themen und Motive untersuchen *Klett Editionen mit Materialien, S. 116 f.: Maximilien Robespierre: Das Fest des Höchsten Wesens; Ernst Schulin: Das Theater der Revolution* KV 24: Existenz, Tod und Jenseits – Themen und Motive untersuchen *Klett Editionen mit Materialien, S. 118 ff.: Epikur: Woher kommen dann die Übel?; Gottfried W. Leibniz: Über die Theodizee* KV 25: Langeweile und Müßiggang – Themen und Motive untersuchen *Klett Editionen mit Materialien, S. 92–97: Brief Büchners an Karl Gutzkow; Georg Büchner: Lenz (Ausschnitt); Sören Kierkegaard: Über Langeweile; Friedrich Nietzsche: Die Erkenntnis tötet das Handeln; Georg Heym: Tagebucheinträge*
DIDAKTISCHE HINWEISE	Das Modul behandelt die Themenbereiche, die sich durch das Drama ziehen und für dessen innere Einheit sorgen. KV 22 geht den erotischen Anspielungen des Dramas nach. Da die Schülerinnen und Schüler vermutlich nicht unbefangen über das Thema zu sprechen in der Lage sind, wird vorgeschlagen, sich ihm über bildhafte Vorstellungen anzunähern. Sie sollen versuchen, die Zitate aus dem Stück mit passendem Bildmaterial zu versehen und eine Collage anfertigen. Die Protagonisten der Französischen Revolution wie auch die Figuren in Büchners Drama gefallen sich in theatralischen Inszenierungen. Auf KV 24 sind einige typische Zitate versammelt. Ein großer Teil des Dramas dreht sich um die Fragen nach Tod, Sterben und Glauben. Diese Fragen erweisen sich als umso brisanter, da die Todeskandidaten noch verhältnismäßig jung sind und ihr Sterben – zumindest aus Sicht der Nachwelt – einen eher sinnlosen Charakter hat. Anhand von drei Themenbereichen (Sterben, Jenseits, Existenz) sollen die Schülerinnen und Schüler in KV 24 die im Stück an verschiedenen Stellen gegebenen Antworten zusammenstellen und ordnen. Ähnlich wie die Themenbereiche „Liebe" und „Sterben/Tod" zieht sich auch das Thema „Langeweile" wie ein roter Faden durch das Stück. Mit KV 25 erhalten die Schülerinnen und Schüler Einblick in ein anderes Büchner-Stück. Protagonist von „Leonce und Lena", einer sehr modernen Mischung aus romantischem Spiel und ironischer Komödie, ist der adlige Müßiggänger Leonce, der, überzeugt von der Sinnlosigkeit des Lebens, alle Tätigkeit ablehnt. Seine einzige Beschäftigung ist demzufolge der ewige Kampf gegen die Langeweile. Büchner stellt das Thema Langeweile stets – so auch hier – in den Kontext der Frage nach Sinn und Lebensinhalt. In der Begegnung mit Rosetta zeigt Leonce eine ungute Mischung aus Liebesunfähigkeit, Melancholie, Gelangweiltsein und Desinteresse. Die Themenkreise dieses Moduls dürften für Schülerinnen und Schüler schwierig zu erfassen sein, weil sie relativ weit von ihrer Erfahrungs- und Lebenswelt entfernt sind. Es werden deswegen hier methodisch abwechslungsreiche und ungewöhnliche Zugriffsweisen vorgeschlagen, um ihnen den Zugang zu erleichtern. Die Lehrkraft sollte jedoch darauf achten, die Arbeitsergebnisse anschließend durch konkrete Textarbeit abzusichern, damit sich die Eindrücke der Schülerinnen und Schüler nicht im Ungefähren verlieren.

ZIELVORSTELLUNGEN/ KOMPETENZ-BESCHREIBUNGEN	Die Schülerinnen und Schüler erwerben und verfügen über folgende Kompetenzen. Sie - fertigen eine Text-Bild-Collage an - arbeiten einen Kurzvortrag aus - untersuchen die sprachliche Gestaltung von Texten - benennen rhetorische Mittel - untersuchen philosophische und Sachtexte und vergleichen diese mit ihren Erkenntnissen - analysieren eine Dramenszene und setzen sie mit „Dantons Tod" in Beziehung
SOZIALFORM	Einzelarbeit/Partnerarbeit/Gruppenarbeit/Unterrichtsgespräch
METHODISCHES VORGEHEN/ UNTERRICHTSSCHRITTE	1. Als Einstieg in die Stunde stellen die Schülerinnen und Schüler in einem kurzen Blitzlicht Vermutungen darüber an, warum das Stück so viele erotische Anspielungen enthält. Für die Text-Bild-Collage, die die Schülerinnen und Schüler in KV 22 erstellen sollen, sollte die Lehrkraft verschiedene Zeitschriften mitbringen oder von den Schülerinnen und Schülern mitbringen lassen. Sie erhalten die Aufgabe, sich von den Zitaten zu bildhaften Vorstellungen inspirieren zu lassen. Die Ambivalenz einiger Aussagen bzw. ihr metaphorischer Kern machen eine Vielzahl von Assoziationen und Bildideen denkbar. Es wird den Schülerinnen und Schülern freigestellt, einzeln, mit einem Partner/einer Partnerin oder in einer Kleingruppe zu arbeiten. Anschließend sollten sie ihre Ergebnisse präsentieren. Lässt man die entstandenen Collagen von den Mitschülern erläutern, wird schnell deutlich, ob die bildliche Umsetzung gelungen ist, d.h., ob sie sich leicht erschließen lässt. Als Abschluss der Stunde werden die Erkenntnisse mündlich oder besser schriftlich resümiert. 2. Die Behandlung der Theatermetaphorik in KV 23 wird mithilfe einer möglichst spontanen Redekette eröffnet. Anschließend sollen die Schülerinnen und Schüler in Gruppenarbeit die Zitate ausschneiden und in eine sinnvolle Reihenfolge bringen. Dabei können einzelne Zitate, die sich unter Umständen nicht erschließen, auch weggelassen werden. Anhand dieser Zitate arbeiten sie einen Kurzvortrag aus zum Thema „Dantons Tod – alles nur Theater?". Das erste Zitat könnte dazu den geeigneten Auftakt bilden. Die Präsentation kann innerhalb der Gruppen durchgeführt werden. Es können aber einzelne Schülerinnen und Schüler ihren Kurzvortrag auch vor der ganzen Klasse halten. Falls Sie das Thema stärker strukturieren wollen, lassen Sie eine Seite Pro und die andere Seite Kontra argumentieren. Zur Vertiefung (oder auch als Hausaufgabe) lesen die Schülerinnen und Schüler die Texte auf Seite 116 und 117 im Materialienteil der Klett Editionen und erarbeiten den Zusammenhang zwischen den theatralischen Inszenierungen der „echten" Revolutionäre und der Büchner'schen Umsetzung dieses Konzepts. 3. KV 24 kann in Kleingruppen ausgefüllt werden. Zu den Vorgaben in der Tabelle soll die richtige Textstelle gesucht und in den Handlungszusammenhang eingeordnet werden. Die Arbeitsergebnisse werden im Unterrichtsgespräch zusammengefasst und systematisiert, wenn nötig. Die Schülerinnen und Schüler sollten ermuntert werden, die Ergebnisse dieses Arbeitsschrittes mündlich vorzutragen oder schriftlich zu resümieren. Zur Vertiefung der Thematik lesen die Schülerinnen und Schüler die Texte von Epikur und Leibniz auf Seite 118 ff. im Materialienteil der Klett Editionen und erörtern die Haltungen der einzelnen Dramenfiguren vor dem Hintergrund der Theodizee-Diskussion. 4. Der Auszug aus „Leonce und Lena" in KV 25 wird von den Schülerinnen und Schülern zuhause vorbereitet und im Unterricht mit verteilen Rollen vorgetragen. Wenn genügend Zeit bleibt, kann an der Szene die schriftliche Interpretation einer dramatischen Szene geübt werden. Aufgabe 2 in der Kopiervorlage eignet sich für eine kurze schriftliche Stellungnahme ebenso wie für eine mündliche Erörterung. Das Thema „Langeweile" wird anhand der angegebenen Texte aus den Klett Editionen vertieft. Bei wenig Zeit beschränkt sich die Lehrkraft auf die Texte, die die Bedeutung des Themas für Georg Büchner und sein Werk zeigen. Ist genug Zeit vorhanden, kann das Thema in einen größeren Zusammenhang gestellt werde. Anhand der Texte von Kierkegaard, Nietzsche und Georg Heym lässt sich erarbeiten, dass das Thema Ennui ein Topos der europäischen Geistesgeschichte ist und im Kontext von Reflexion und Handeln zu diskutieren ist.

Lösungen

Kopiervorlage 22 → S. 35

1 Erotische Szenen und Anspielungen dienen der Unterstützung des epikureischen Programms: Sinnlichkeit, Lebensgenuss, Durchsetzung des individuellen Glücks.

Sie stehen in bewusstem Kontrast zu Robespierres Tugendhaftigkeit, der die Sinnenfreudigkeit der Dantonisten als „Laster" bezeichnet und im politischen Kampf bewusst gegen sie einsetzt.

2 Individuelle Lösungen sind gefragt.

3 Erotik und Sexualität stehen als Ausdruck griechischer Kultur und Philosophie (vgl. Camille in I,1) in bewusstem Kontrast zu römischem Ernst und römischer Tugend.

Das Versprechen von Glück und Lebensgenuss, das die eheliche und die käufliche Liebe verheißen, ist allerdings trügerisch.

Das ausschweifende Leben kann zwar kurzfristig über die Sinnlosigkeit des Lebens hinwegtäuschen, setzt aber noch keinen neuen Lebenssinn. Auch die Schönheit und der Genuss sind nur in Fragmenten zu haben. Danton, so Lacroix in I,4, „sucht eben die mediceische Venus stückweise bei allen Grisetten des Palais-Royal zusammen, er macht Mosaik, wie er sagt; der Himmel weiß bei welchem Glied er gerade ist. Es ist ein Jammer, dass die Natur die Schönheit, wie Medea ihren Bruder, zerstückelt und sie so in Fragmenten in die Körper gesenkt hat" – somit bleibt auch das epikureische Ideal letzten Endes unvollkommen.

Aller Lebensgenuss kann Todesdrohung, Sinnlosigkeit und Elend des Lebens nicht aufheben. Nicht umsonst deutet die Chiffre der „Quecksilberblüten" auf die Gefährdung durch die Syphilis hin (z. B. I,5) und damit auf die ständige Gegenwart des Todes.

Kopiervorlage 23 → S. 36

1 Individuelle Lösungen sind hier gewünscht.

2 Die Theatermetaphorik durchzieht das gesamte Stück. Die Eröffnung in einem Spielsalon suggeriert von Beginn an, dass das Spiel verloren ist bzw. die Würfel gefallen sind. Danton versteht sich dabei als ein Spieler, der spontan aus dem Bauch heraus handelt („Mein Naturell ist einmal so" I,1, S. 7 f.) und Politik, wie Hérault bemerkt, „bloß zum Zeitvertreib" betreibe, „wie man Schach spielt" (I,2, S. 8).

Der Tod selbst wird zum Theater und somit auch das Stück „Dantons Tod" selbst: „[Die Verurteilten] treten mit gelenken Gliedern hinter die Kulissen und können im Abgehen noch hübsch gestikulieren und die Zuschauer klatschen hören. Das ist ganz artig und passt für uns, wir stehn immer auf dem Theater, wenn wir auch zuletzt im Ernst erstochen werden." (Danton II,1).

Wenn alles zum Spiel gerät, dann deutet das auf einen Verlust an Wirklichkeit und Wirklichkeitsbewältigung. Der Bürger rät, ins Theater zu gehen (II,2, S. 34), weil er dort die kühne Konstruktion des Stückes genießen kann, während er außerhalb des Theaters Angst vor einer Wasserpfütze hat.

Auch die Revolution selbst ist zur politischen Inszenierung verkommen; Politik wird als Theater, als Mummenschanz und Jahrmarktstreiben vorgeführt: Auf der Gasse wird mit komischem Pathos theatralisch deklamiert (vgl. Simon I,2), Rolle und Identität sind nicht mehr zu unterscheiden, Robespierre inszeniert mit hohlem Pathos und messianischer Attitüde „das erhabne Drama der Revolution" (I,3), und in den Klubs und Ausschüssen wird der Theaterdonner der politischen Klasse aufgeführt (vor allem in I,3 und II,7).

Danton sieht sich als Puppe „von unbekannten Gewalten am Draht gezogen" (II,5, S. 39).

Am Ende wird die Hinrichtung öffentlich inszeniert. Nach einem Spießrutenlauf durch das Volk, das als willfährige Statisterie Spalier steht und als Zuschauer an der Guillotine so reagiert, wie es im Theater eingeübt wurde („Das war schon einmal da! wie langweilig!" IV,7, S. 75), fällt der Vorhang vor der Tragödie erst, wenn der Spaß vorbei ist: „Ach Danton, ich bringe nicht einmal einen Spaß mehr heraus. Da ist's Zeit", schließt Hérault (IV,7, S. 75).

3 Der Rückgriff auf die Texte in den Klett Editionen macht deutlich, dass der Aspekt von theatralischer Inszenierung schon in der Französischen Revolution angelegt war. Büchner verschärfte die Theater- und Spielmetaphorik und nutzte sie gezielt zur Kritik an Revolution und Revolutionären.

Kopiervorlage 24 → S. 37

1

Verhalten angesichts des Todes	**Antworten auf die Fragen nach Tod und Jenseits**	**Antworten auf die Frage: Was ist der Mensch?**
Ebenso wie die Angst vor Ansteckung durch die Syphilis wird auch die Todesangst an vielen Stellen witzig überspielt (z. B. II,1)	Paynes Beweise für die Nichtexistenz Gottes (III,1) – „Warum leide ich? Das ist der Fels des Atheismus."	Der Mensch – das gefährdete Wesen: Im Privaten durch die Syphilis, in der Öffentlichkeit durch Verhaftung oder spontane Lynchjustiz wie in II,1 oder metaphorisch: „Ja, die Erde ist eine dünne Kruste, ich meine immer ich könnte durchfallen, wo so ein Loch ist." (Bürger II,2)
In der engen Abgeschiedenheit der Conciergerie werden Mitmenschlichkeit, Vertrauen, Freundschaft und Liebe geachtet	Philippeaus Glauben – Ruhe ist in Gott (III,7)	Der Mensch – das unvollkommene Wesen: „Wir wissen wenig voneinander […] wir haben grobe Sinne" (Danton I,1)
Danton sorgt sich um sein Vermächtnis („Ich lasse alles in einer schrecklichen Verwirrung. Keiner versteht das Regieren", IV,5), glaubt aber, dass Robespierre ihm bald folgen wird, und ist von seinem Nachruhm überzeugt: „Wenn einmal die Geschichte ihre Grüfte öffnet, kann der Despotismus noch immer an dem Duft unserer Leichen ersticken" (IV,5)	Der Tod „ist nur eine einfachere, das Leben eine verwickeltere, organisierte Fäulnis, das ist der ganze Unterschied" (Danton III,7)	„Wir sollten einmal die Masken abnehmen […] Die Unterschiede sind so groß nicht, wir alle sind Schurken und Engel, Dummköpfe und Genies […] Schlafen, verdaun, Kinder machen, das treiben alle, die übrigen Dinge sind nur Variationen aus verschiedenen Tonarten über das nämliche Thema" (Camille IV,5)
Im Sterben wird die Liebe zentral: - Camille sorgt sich um Lucile (IV,3) - Danton will nicht ohne Julie sterben (III,7) – er hat Angst vor dem Alleinsein im Tod	„Wenn die höchste Ruhe Gott ist, ist nicht das Nichts Gott?" (Danton III,7)	„Es wurde ein Fehler gemacht, wie wir geschaffen worden, es fehlt uns was […] wir sind elende Alchimisten" (Danton II,1)
Angst vor der Sinnlosigkeit des Sterbens und nicht heroisch im Kampf, sondern „mechanisch getötet zu werden" (Danton III,7)	„Die Welt ist das Chaos. Das Nichts ist der zu gebärende Weltgott" (letzte Worte Dantons vor der Abfahrt zur Guillotine IV,5)	„Es gibt nur Epicuräer und zwar grobe und feine, Christus war der feinste; […] Jeder handelt seiner Natur gemäß, d. h. er tut, was ihm wohl tut." (Danton I,6)

2 Theodizee heißt „Rechtfertigung Gottes". Gemeint ist der Versuch, Antworten auf die Frage zu finden, wie das Leiden in der Welt zu erklären sei vor der Annahme, dass Gott allmächtig und gut ist. Konkret geht es um die Frage, warum Gott das Leiden zulässt, wenn er doch die Potenz („Allmacht") und den Willen („Güte") besitzen müsste, das Leiden zu verhindern. Der Begriff Theodizee geht auf den Philosophen Gottfried Wilhelm Leibniz (1646–1716) zurück. Dass die Fragestellung schon in der Antike existierte, zeigen die Ausführungen Epikurs. Der weist logisch folgerichtig nach, dass der Widerspruch zwischen einer Vorstellung von einem allmächtigen Gott und der Existenz des Üblen nicht aufhebbar ist. Leibniz' Theodizee-Gedanke gipfelt dagegen in der Aussage: „Gäbe es nicht die beste aller Welten, dann hätte Gott überhaupt keine erschaffen." Seine Aussagen finden sich in ähnlicher Form wieder in „Faust I" (Prolog im Himmel). Leiden erfüllt für ihn in der Welt einen höheren Zweck: „Das Übel dient häufig dazu, das Gute stärker hervortreten zu lassen." (Klett Editionen, S. 119, Z. 34 f.).

Von diesen Überzeugungen ist bei den Figuren in „Dantons Tod" wenig zu spüren. Der Schriftsteller Martin Walser sagte in seiner Büchner-Preis-Rede 1981 mit Blick auf das Stück: „Büchner hat nicht gesagt: Gott ist tot; er teilt uns mit, woran Gott stirbt. Jeder Gott. Er stirbt daran, dass er nicht hilft". Walser bezieht sich hier vermutlich auf Paynes Aussage in III,1 (S. 48, Z. 9 f.): „Warum leide ich? Das ist der Fels des Atheismus. Das leiseste Zucken des Schmerzes […] macht einen Riss in die Schöpfung von oben bis unten." Das Fehlen eines helfenden Gottes führt demnach zum Abfall vom Glauben. Das Grundvertrauen des biblischen Hiob in Gott spielt hier keine Rolle mehr. Der leidende Mensch ist Atheist oder wird zum Atheisten. Das macht ihren Tod auch so bewegend für den Leser bzw. Zuschauer. Angesichts des Todes reagieren die Menschen unterschiedlich – der eine bäumt sich mehr auf, der andere weniger, aber einen Sinn im Jenseits gibt es bis auf Philippeau für keine Figur im Stück mehr.

Kopiervorlage 25 → S. 38/39

1 Prinz Leonce erwartet seine Geliebte Rosetta. Während Rosetta gerne Liebesschwüre und Zärtlichkeiten hören würde, verhält sich Leonce distanziert, weicht aus, spielt mit ihr in Worten und Gesten und gibt den Narren. Wenn sie vom Küssen sprechen will, spricht er vom Gähnen, wenn sie von der Liebe spricht, redet er von „entsetzlicher Arbeit". Schon hat man den Eindruck, sie begnüge sich mit kleiner Liebesmünze („So liebst du mich aus Langweile?"), da kontert er im Wortspiel: „Nein, ich habe Langeweile, weil ich dich liebe". Nachdem sie für ihn getanzt und gesungen hat, nimmt er unverhohlen Abschied von ihr. Bildhaft erzählt er davon, wie er die gemeinsame Liebe beerdigt hat. Als er die Augen schließt und nicht mal mehr ihren Blick zu sich hineinlässt, geht sie traurig ab.

2 Leonces Lebenseinstellung wird vor allem in den Regieanweisungen zu Beginn der Szene und in seinem Monolog deutlich. Der künstliche Stimmungsraum, den er inszenieren lässt, ist die Bühne, auf der er seine Rolle des gelangweilten Liebhabers spielen wird (bis zu dem Punkt, an dem er sich selbst applaudiert). Die Anordnung erinnert an den Dekadenzbegriff, wie ihn Rousseau für den Gegensatz von Natur und Kultur entworfen hat. Leonce gibt weder seinem Herzen nach, noch fühlt er sich einer Wahrheit verpflichtet, er versetzt sich in einen träumerischen, unechten Zustand des Vagen, Spielerischen. In seinem Monolog wird deutlich, dass seine Pose auf einer Einsicht in die Monotonie des Lebens beruht, der er nicht entrinnen kann. Nichts hat für ihn Bedeutung, nichts kann ihn überraschen, sein Leben ist gekennzeichnet von Leere und Melancholie. Darin kann man zum einen Büchners Kritik an der nutzlosen Klasse der Aristokratie ablesen, zum anderen wird hier aber auch eine grundsätzliche existenzielle Erkenntnis sichtbar, die das menschliche Leben an sich betrifft.
Hierin liegen auch die Parallelen zu Dantons Haltung (z. B. in II,1). Auch er betrachtet das Leben als Bühne, auf der man zu spielen habe und auf der man beklatscht werde; auch Danton kennt das Wortspiel und die ironisch-melancholische Haltung zum Leben; auch er bekennt, dass seine Handlungen auf der Flucht aus der Langeweile beruhen. Langeweile bedeutet demnach: Einsicht in die Sinnlosigkeit der Existenz, während Handeln bedeuten würde, dem Leben einen Sinn beizumessen. Danton bringt überdies Liebe und Sterben in einen engen Zusammenhang; anders als Leonce kennt er allerdings auch die echte Liebe (siehe Julie) bzw. echte Zuneigung und wahres Interesse an einer Geliebten (siehe Marion-Szene).

3 Die Texte machen deutlich, dass das Gefühl der Langeweile und des Ennuis eine lange europäische Tradition hat. Mit Vorliebe gefällt sich eine junge Generation in dieser leicht blasiert wirkenden Haltung. Langeweile und Müßiggang bzw. die Ansicht, alles Handeln sei müßig, weil vergeblich, gehören eng zusammen.

Modul VII: Formale Aspekte des Dramas

INTENTION	Das Modul führt in Büchners Kunstauffassung ein und behandelt die formalen Aspekte des Dramas wie Sprache und Aufbau, die aus dieser Auffassung resultieren.
ZEITBEDARF	1 Unterrichtsstunde (KV 26), 1 Unterrichtsstunde (KV 27), 1 Unterrichtsstunde (KV 28), 1 Unterrichtsstunde (KV 29)
MATERIAL	KV 26: Georg Büchners Kunstauffassung erschließen *Klett Editionen mit Materialien, S. 98–101: Georg Büchner: Lenz (Ausschnitt); Georg Büchner: Brief an die Familie vom Juli 1835* KV 27: Die Rolle des Volkes untersuchen *Klett Editionen mit Materialien: S. 32 ff.; S. 8 ff.; S. 40; S. 63 f.; S. 68 f.; S. 74 f.; S. 75 f.* KV 28: Aufbau und Struktur des Dramas erarbeiten KV 29: Geschlossene und offene Form im Drama vergleichen
DIDAKTISCHE HINWEISE	In KV 26 wird Büchners Kunstauffassung zusammen mit der Sprache im Drama behandelt, weil die realistische Ästhetik unmittelbar in die sprachliche Gestaltung des Textes einfließt. Den Anstoß, sich mit der Rolle des Volkes im Stück zu befassen, gibt ein Auszug aus der Szene „Vor dem Tor" aus „Faust I" (KV 27), die als Vorbild für Büchners Szene „Eine Promenade", II,2, gedient haben soll. Vor dem Hintergrund von Goethes idyllischer, harmonisierender Volksszene gelingt es den Schülerinnen und Schülern im Kontrast dazu, Büchners realistische, ungeschönte Sicht des Volks rasch zu erfassen. KV 28 öffnet den Blick für den besonderen Aufbau des Stücks, indem seine Struktur und Handlungsentwicklung mit derjenigen des aristotelischen Dramas verglichen werden. KV 29 hängt eng mit KV 28 zusammen. In einer tabellarischen Übersicht werden offene und geschlossene Form im Drama miteinander kontrastiert.

ZIELVORSTELLUNGEN/ KOMPETENZ-BESCHREIBUNGEN	Die Schülerinnen und Schüler erwerben und verfügen über folgende Kompetenzen. Sie - erarbeiten Georg Büchners Kunstauffassung - untersuchen die Sprache des Dramas - analysieren die Darstellung des Volkes im Drama - verstehen den Unterschied zwischen der offenen und der geschlossenen Form des Dramas - wenden ihre Erkenntnisse auf „Dantons Tod" an
SOZIALFORM	Einzelarbeit/Gruppenarbeit/Unterrichtsgespräch
METHODISCHES VORGEHEN/ UNTERRICHTSSCHRITTE	1. Das vorangestellte Zitat von Camille in KV 26 dient als Einstiegsimpuls. Die Schülerinnen und Schüler lesen das Zitat dann im Zusammenhang nach und erläutern Camilles Kunstauffassung. Anschließend erarbeiten sie anhand des Briefes vom Juli 1835 Büchners Auffassung von der Aufgabe eines Dramatikers. Sie erkennen, dass Camille im Stück als Sprachrohr des Dichters fungiert. Auch Büchner spricht sich für die ungeschminkte Darstellung der Wirklichkeit aus und wendet sich heftig gegen den Idealismus Schiller'scher Prägung. Anschließend wird die Sprache im Drama untersucht. Die Schülerinnen und Schüler erkennen, dass Büchners drastische, zuweilen sehr derbe Sprache seiner Auffassung geschuldet ist, dass der Dichter die Wirklichkeit ungeschönt, ohne Verbrämung abzubilden habe. Die Tabelle zur Sprache im Drama kann in Kleingruppen ausgefüllt werden oder auch als Hausaufgabe gestellt werden. Eine Übersicht über die stilistischen und sprachlichen Mittel bieten die herkömmlichen Oberstufenlehrwerke. Das Kunstgespräch aus der Erzählung „Lenz" (vgl. Klett Materialien, S. 98 f.) kann als vertiefende Hausaufgabe gestellt werden

2. Die Szene aus „Faust" in KV 27 wird zunächst mit verteilten Rollen gelesen. Vorangehen sollte eine kurze Einführung in die Handlung des „Faust" – entweder von der Lehrkraft oder von einer Schülerin/einem Schüler.
   Der Vergleich der Faust-Szene mit der Volksszene „Eine Promenade" (II,2) in „Dantons Tod" erfolgt unter der Leitfrage: Wie ist das Volk in beiden Szenen dargestellt?
   In einem nächsten Unterrichtsschritt werden dann weitere Volksszenen in „Dantons Tod" in arbeitsteiliger Gruppenarbeit genauer betrachtet. Im Unterrichtsgespräch werden die Ergebnisse zusammengetragen und die Darstellung des Volkes bei Goethe und bei Büchner vergleichend zusammengefasst.
3. KV 28 und KV 29 sollten zusammen behandelt werden. Die Schülerinnen und Schüler haben sicher im Lauf ihrer Schulzeit ein typisch aristotelisches Drama kennengelernt. KV 28 dient dann der Wiederholung des Bekannten. KV 29 präsentiert mit der Gegenüberstellung von offenem und geschlossenem Drama eine zentrale Ordnungskategorie der Germanistik. Ob mit dieser Kontrastierung neuer Unterrichtsstoff eingeführt oder lediglich Bekanntes wiederholt wird, hängt von der bisherigen Leseerfahrung der Schülerinnen und Schüler ab. Einführend oder begleitend zu diesem Unterrichtsschritt kann der Text von Volker Klotz auf S. 110 des Klett Editionenheftes gelesen und bearbeitet werden.
   Wichtig wäre bei der Diskussion, zu klären, ob es sich bei „Dantons Tod" um ein offenes oder ein geschlossenes Drama handelt, und den Schülerinnen und Schülern bewusst zu machen, dass sich das Stück einer eindeutigen Zuordnung entzieht. Es gibt durchaus Merkmale des Stückes, die auf die geschlossene Form des Dramas verweisen.

Lösungen

Kopiervorlage 26 → S. 40

1 In II,3 legt Büchner seine Kunstauffassung vom realistischen Drama Camille in den Mund, der die Ideendramen der Klassiker verspottet. Die idealen Dichter (er meint hier v. a. Schiller) veredeln seiner Meinung nach die Wirklichkeit, weil sie diese für „erbärmlich" halten; Büchner lässt Camille die Schöpfung in ihrer Ungestaltetheit und Unberechenbarkeit loben. Die Hinwendung zur Realität, so legen die Zeilen nahe, sei der wahre Gottesdienst.

2 Camilles Ausführungen finden sich auch im Brief Büchners vom 28. Juli 1835, in dem der Autor sein antiidealistisches Credo so formuliert: „Wenn man mir übrigens noch sagen wollte, der Dichter müsse die Welt nicht zeigen wie sie ist, sondern wie sie sein solle, so antworte ich, dass ich es nicht besser machen will als der liebe Gott, der die Welt gewiss gemacht hat, wie sie sein soll." (Klett Editionen mit Materialien, S. 101).

Im sogenannten Kunstgespräch der Erzählung „Lenz" heißt es: „Ich verlange in allem Leben, Möglichkeit des Daseins, und dann ist's gut; wir haben dann nicht zu fragen, ob es schön, ob es hässlich ist, das Gefühl, dass was geschaffen sei, Leben habe, stehe über diesen beiden und sei das einzige Kriterium in Kunstsachen." (Klett Editionen mit Materialien, S. 98)

Büchner lässt seine Figuren nicht „in fünffüßigen Jamben krachen" (Camille II,3). Sie sprechen in Prosa und derart realistisch und ungeschminkt, dass bei der Erstveröffentlichung des Dramas der verantwortliche Herausgeber mit über hundert Eingriffen glättete und entschärfte. Büchner verlangt vom Geschichtsdramatiker Realismus und Wirklichkeitsnähe. Camilles Klage in II,3 über die Theaterbesucher, die „ihren Herrgott über seinen schlechten Kopisten [vergessen]" zielt konkret auf den späten klassischen Schiller, den Büchner auch in oben genanntem Brief als seinen Widerpart benennt. Entsprechend diesen Forderungen kennt „Dantons Tod" keinen hohen Stil oder einen fünfhebigen Blankvers, sondern zeigt stattdessen die vielstimmige Heterogenität der Wirklichkeit. Es gibt keinen Anspruch auf Erziehung des Menschengeschlechts, sondern Abbildung der Menschen in ihren Verfehlungen, Widersprüchen und ungeschönten Bedürfnissen. Der dramatische Dichter soll nicht beschönigen, sondern er sollte der Wirklichkeit so nahe wie möglich kommen. Die Sprache dient der Charakterisierung einer Figur und zeigt ihre Milieuzugehörigkeit.

3

Zitat	**Stilmittel**	**Funktion**
„Wir wollen ihnen die Haut von den Schenkeln ziehen und uns Hosen daraus machen" (Bürger I,2)	Metaphern der Gewalt und der kannibalischen Mordlust	Spiegeln einerseits die Wut und Armut des Volkes, andererseits die Gewöhnung an die Unbarmherzigkeit der Zeit
„Wir ließen das Volk sich selbst bewachen, es hat nicht geschlafen, es hat an die Waffen geschlagen" (Robespierre I,3)	Parataxen, keine syntaktische Unterordnung, Anaphern	Stil des politischen Einpeitschers, Appell, Dynamisierung
„Ich bin eine Reliquie und Reliquien wirft man auf die Gasse" (Danton II,1)	Bonmot; Vergleich (tertium comparationis: heilig wie); → vgl. auch Lacroix: „Danton, du bist ein toter Heiliger" (I,5, S.22)	Beweis für Dantons Galgenhumor, seine unpathetische Selbstironie; Hinweis auf den Kampf gegen Glauben und Kirche
„Ich werde, du wirst, er wird" (Danton I,1)	Nonsens	Beleg für Dantons Lustlosigkeit
„Die Staatsform muss ein durchsichtiges Gewand sein" (Camille I,1)	Vergleich	Camille fordert Transparenz und Individualismus
„Ihr habt Kollern im Leib und sie haben Magendrücken" (Bürger I,2)	Antithese, Metonymie	Drastischer Vergleich von wohlhabender und armer Klasse
„Das Veto frisst euer Brot" (Bürger I,2)	Metonymie	Veto steht für den König (der aufgrund der Verfassung von 1791 nur noch ein Veto hatte) und Brot für Nahrung
„Rasch, Danton, wir haben keine Zeit zu verlieren." – „Aber die Zeit verliert uns." (Camille und Danton II,1)	Wortspiel	Während die Mitstreiter auf Eile drängen, lebt Danton schon im Zustand der Zeitlosigkeit; hier wie an vielen anderen Stellen nimmt er seinen Tod vorweg
„Ich frage nun: Soll die moralische Natur in ihren Revolutionen mehr Rücksicht nehmen, als die physische?" (St. Just II,7)	Rhetorische Frage	St. Just hat die Antwort schon gegeben: Natur und Moral werden in eins gesetzt
„Die Sündflut der Revolution mag unsere Leichen absetzen wo sie will, mit unsern fossilen Knochen wird man noch immer allen Königen die Schädel einschlagen können" (Danton IV,5)	Vergleich, Metapher	Die hohe Anzahl der Hinrichtungen, so wird hier suggeriert, ist wie ein Blutstrom, der die Sünden (der Täter? der Opfer?) wegwäscht; die der Nachwelt überlieferten Taten und Gedanken der Revolutionäre werden als Waffen zum Niederwerfen von Monarchen gesehen
„Meine Herren, ich will mich zuerst servieren" (Camille IV,7)	Metonymie	Übertragung des Bildes vom gemeinsamen Mahl auf das gemeinsame Sterben
„Es ist ein Schnitter, der heißt Tod, / Hat Gewalt vom höchsten Gott" (Lucile IV,9)	Allegorie	Der Tod wird als Sensenmann dargestellt, als Erntehelfer Gottes

Kopiervorlage 27 → S.41

1 *Goethe: „Vor dem Tor" (V.808 ff.)*
Inhalt: Gezeigt wird Fausts soziale Umgebung am Osterfeiertag, natürlich, einfach, ganz dem Programm des Sturm und Drang verpflichtet. Handwerksburschen sind auf der Suche nach dem besten Bier und den schönsten Mädchen. Ein Dienstmädchen ist ebenfalls auf einen Liebhaber aus und verzagt aus Eifersucht. Schüler sind auch auf der Suche nach schönen Mädchen, nach einem starken Bier und zusätzlich nach einer Gelegenheit zum Rauchen. Ein Bürgermädchen beklagt sich über den leichtfertigen Geschmack der Schüler, ein Bürger sich über den neuen Bürgermeister, besonders über den zunehmenden Gehorsam und über die erhöhten Abgaben. Zwei weitere Bürger loben den Status quo und dass alles beim Alten bleibt und sind zufrieden, wenn man aus ruhiger Warte auf die Krieg führenden Völker in der Ferne schauen kann. Bettler und Soldaten singen; der Bettler schmeichelt den Bürgern und erhofft sich milde Gaben am Feiertag, denn im Geben liege der eigentliche Gewinn; die Soldaten greifen das Thema der Eroberung auf, indem sie gut gelaunt davon singen, dass Mädchen und Burgen sich ergeben müssen. Der

Gesamteindruck ist fröhlich, heiter, der Bettler passt ebenso ins Idyll wie die Soldaten. Obwohl unter der fröhlichen Oberfläche Dissonanzen und gesellschaftskritische Kontrastierungen deutlich werden (Eroberung von Mädchen und Jungen vs. Eroberung im Krieg und Jagdbeute [„Wildbret"]/behagliche Ruhe trotz Krieg/ Streit über den richtigen Weg/Angst vor einem grauenvollen Ort/Eifersucht/Beklagen der triebhaften Jungen/Unzufriedenheit mit dem Bürgermeister), setzt sich doch der Gesamteindruck des Idyllischen durch aufgrund der harmonisierenden sprachlichen Gestaltung.

Sprachliche Gestaltung: Sie trägt zur Idylle bei, wirkt harmonisierend durch Kreuz- und Paarreime. Als Metren finden sich Jambenzeilen mit unterschiedlich vielen Hebungen und ein daktylisch grundiertes Soldatenlied. Der Wortschatz ist insgesamt schlicht, die Syntax leicht verständlich, der Inhalt gut nachvollziehbar; als deutliche Zote fällt nur das Wort „karessieren" (Z. 48) auf, was so viel bedeutet wie „liebkosen".

Büchner: „Eine Promenade" (II,2)
Auch hier kommen sozial heterogene Gesellschaftsgruppen zusammen: Simon, ein Souffleur (vgl. Szene I,2) – übrigens der einzige Volksvertreter mit Individualnamen –, ein Bürger, drei Herren, zwei leichte Mädchen, eine Madame und ihre Tochter und wie im „Faust" ein Soldat, ein Bettler und dazu ein Bänkelsänger, zuletzt Danton (analog tritt übrigens auch Faust unters Volk – Osterspaziergang). Die Themen sind wie in der „Faust"-Szene Politik und Eros, allerdings bei näherem Hinsehen vielfältiger und isolierter: Simon hilft einem Bürger bei der Suche nach einem zeittypischen Namen für ein Revolutionskind, ein Bänkelsänger beklagt das sorgenvolle Leben, zwei bessergestellte Herren streiten mit einem Bettler über den Sinn der Arbeit. (Das Genussprogramm der Dantonisten wird hier als soziales Thema beleuchtet.) Später unterhalten sie sich über ein neues Theaterstück, das einen schwindlig werden lässt, und schließlich gestalten sie eine groteske Situation, die an Woyzecks existenzielle Ängste erinnert („alles hohl da unten"). Zwei Prostituierte sind auf Freiersuche bei einem Soldaten; ein junger Herr spricht zuerst über die Tugend und bringt die Tochter schließlich zum Erröten. Danton zeigt sich erneut als Erotomane und Hedonist und fragt sich, weshalb die Leute überhaupt noch ernst bleiben können, da er doch alles zum Lachen findet. Im Großen und Ganzen eine Ruhepause inmitten des Anklagens und Mordens, das Einnehmen einer distanzierten Beobachterposition, um das Possenhafte und die Fassade der Revolution zu erkennen, Abbildung der Gesellschaft als „Gewirr von Gewölben, Treppchen, Gängen" II,2).

Anders als Goethe verwendet Büchner Prosa (bis auf die Lieder), um Sprache in ihrer Heterogenität zu zeigen: Simon fordert Political Correctness ein, die Herren verwenden Bildungsjargon, zuweilen arrogant von oben herab, dann gekünstelt-emphatisch, Madame und Eugenie sprechen in einer an Rousseau angelehnten Rhetorik der Natur- und Tugendverehrung, andeutungsreich der Dialog der Prostituierten. Wo ihr Wortschatz noch indirekt auf sexuelle Handlungen anspielt (vgl. Goethes „karessieren"), wird Danton kraftmeierisch unmissverständlich und deutlich. (In der Erstausgabe des Stückes wurde Dantons Satz „Möchte man nicht drunter springen, sich die Hosen vom Leibe reißen und sich über den Hintern begatten, wie die Hunde auf der Gasse?" übrigens vorsorglich gestrichen.) Der Herausgeber Gutzkow begründete diesen und zahlreiche ähnliche Eingriffe damit, dass er ein Verbot des Stückes durch die Zensur verhindern wollte.

2 Die Untersuchung der weiteren Volksszenen in „Dantons Tod" ergibt, dass das Volk wie eine amorphe Menge agiert, instrumentalisierbar, wankelmütig, spontan gewaltbereit und dabei unempfindlich angesichts des massenhaften Sterbens. Sein Selbstverständnis bezieht es aus dem Gegensatz zu Genuss, zu Reichtum und Bildung. Der Hass auf die Bourgeoisie und die Revolutionsgewinnler zeigt sich besonders drastisch in I,2: „Totgeschlagen, wer lesen und schreiben kann". Daraus leitet es auch seine Berechtigung zu revolutionärer Gewalt ab: Wenn das Volk leidet, darf es keine Privilegien für Revolutionäre geben (I,3 und II,7). Seine Unduldsamkeit und sein Leiden zeigt Büchner auf drastische Weise: „Unsere Weiber und Kinder schreien nach Brot, wir wollen sie mit Aristokratenfleisch füttern." – „Ihr Hunger hurt und bettelt" (I,2). Die Hurerei stellt folgerichtig auch den einzigen sozialen Bezug zwischen dem Volk und den Bürgerlichen dar.

Robespierres Wort von der „Masse, die vorwärts drängt", lässt sich konkret auf die Macht des Volkes beziehen. – „Das Volk ist materiell elend, das ist ein furchtbarer Hebel", erkennt Lacroix (I,5, S. 22). Die soziale Not und die radikale Bereitschaft des Volkes, die dafür Verantwortlichen ans Messer zu liefern, zieht sich durch das gesamte Stück. In I,2 soll ein junger Mensch, weil er ein Schnupftuch benutzt, „an die Laterne". Nur seine Schlagfertigkeit rettet ihm das Leben.

Die Stimmung im Volk ist entscheidend für den Fortgang der Geschichte. Deshalb ist es wichtig, sich dieses Hebels zu bedienen. Robespierre und St. Just stellen dies erfolgreicher an als Danton, da Dantons Wohlstand als „Laster" und sein Epikureismus als Verbrechen diffamiert werden können, während Robespierre sich selbst dem Volk als tugendhafter Asket und Unbestechlicher empfiehlt.

Wie wankelmütig und leicht beeinflussbar das Volk bei der Verteilung seiner Sympathien ist, wird in III,10 demonstriert. Innerhalb weniger Minuten wird aus einem „Es lebe Danton!" ein „Es lebe Robespierre! Nieder mit Danton!" (S. 63 f.). „Das Volk ist wie ein Kind", urteilt Danton, „es muss alles zerbrechen, um zu sehen was darin steckt". (I,5, S. 22) Ähnlich Robespierre, der das Volk als ein Kind ansieht, das vor sich selbst geschützt werden müsse (I,2).

Büchner stellt einerseits mit illusionslos-nüchternem Blick das Volk während der Französischen Revolution in einem Stadium der Unreife dar. (Da zeigen sich inhaltliche Berührungspunkte mit Schiller, der überzeugt ist, dass das einfache Volk noch der Erziehung bedürfe, bevor es reif sei für politische Veränderungen, vgl. KV 10.) Andererseits verfügt er über genug Empathie, um zu erkennen, dass sich für die Not des Volkes keiner zuständig fühlt.

Kopiervorlage 28 → S. 42

1 Die Szenen in „Dantons Tod" sind zeitlich eng miteinander verbunden; sie folgen sowohl kausal als auch chronologisch aufeinander; der Fortgang der Handlung entspricht keiner Spannungsdramaturgie, sondern ist eher statisch, da von Beginn an die Handlung auf den unabwendbaren Tod Dantons gerichtet ist. Insofern ließe sich auch behaupten, die vier Akte des Dramas gleichen dem letzten, fünften Akt einer klassischen Tragödie; der tragische Untergang eines Helden liegt nicht vor, allenfalls das tragische Scheitern einer Revolution.

2 Die Frage schlägt den Bogen zurück zu KV 15, Aufgabe 4 (vgl. S. 80).

Der I. Akt erfüllt folgende Kriterien einer Exposition:
- Anknüpfung nach vorne: Bericht von den Hinrichtungen (nach Art eines Botenberichts)
- Protagonisten werden vorgestellt
- Konflikt: politische Forderungen der Dantonisten als Gegenposition zu den Anhängern von Robespierre
- Motivation der weiteren Handlung: Es wird hier schon deutlich, woran die Dantonisten scheitern werden; die Eingangsszene nennt die Gründe für die spätere Verhaftung und belegt die geringe Gegenwehr
- Ort und Zeit der Handlung werden konkretisiert
- Andererseits ungewöhnlicher Dramenbeginn in medias res: keine Hinführung, keine Einstimmung in die Szenen
- verwirrender szenischer Aufbau in I,1 und I,2: simultane Kommunikation, fragmentarische Handlungen, fragwürdige Figuren
- Antiheld anstelle des typischen Helden eines Geschichtsdramas

Kopiervorlage 29 → S. 43

1 Es lässt sich diskutieren, ob „Dantons Tod" zum offenen oder zum geschlossenen Drama gezählt werden kann. Einerseits weist es wie die klassische Dramenform eine weitgehende Geschlossenheit von Zeit und Handlung auf, in Akt III und IV bleibt auch der Ort beinahe identisch. Andererseits weicht es hinsichtlich Personen, Sprache, Anordnung der Szenen deutlich von den geschlossenen Dramen ab. Man hat daher vorgeschlagen, „Dantons Tod" als ein Übergangsdrama an der Wende zur Moderne zu bezeichnen.

Merkmale, die dem geschlossenen Drama zuzuordnen sind: Einheit der Handlung, lineare Abfolge des Geschehens, Einheit der Zeit statt Zeitsprüngen (Umfang: neun Tage); die Szenen in „Dantons Tod" sind zeitlich eng miteinander verbunden und folgen sowohl kausal als auch chronologisch aufeinander. (Vgl. dazu auch KV 28.)

Merkmale, die dem offenen Drama zuzuordnen sind: Mischform (Tragödie mit komischen Szenen), fehlende Spannungsdramaturgie, Autonomie einzelner Szenen (I,5, II,3, III,1, II,2, IV,2), keine Ständeklausel, Vertreter des einfachen Volkes treten zahlreich auf, lebensnahe realistische Figuren, Mischung der Stilebenen und Vielfalt an Sprechweisen, Orientierung an der Alltagssprache (allerdings nicht leicht verständlich aufgrund Büchners anschaulicher, sinnlicher Rhetorik und seinem Hang zu Pointe und Wortspiel).

Orte sind zum Teil auch, wie Klotz das für das geschlossene Drama vorsieht, „Rahmen des Geschehens", häufiger aber noch charakterisieren und determinieren sie das Verhalten der Personen. Dazu einige Beispiele: Danton und seine Freunde ziehen die privaten Räume vor, sie sind Zeichen ihres Rückzugs aus der Politik und ihres freundschaftlichen, intimen Umgangs miteinander, sie bieten Platz für Smalltalk, Vergnügungen, Langeweile, philosophische Gespräche, Muße. Echtheit und authentisches Sprechen kommen nur an Orten vor, die nicht öffentlich sind. So entsteht die paradoxe Situation, dass ausgerechnet das Gefängnis zum Freiraum für offene Gespräche wird. Nur hier gibt es Freundschaft und wahre Nähe.

Robespierre nutzt den Auftritt in der Öffentlichkeit (Straße, Konvent). Die Robespierristen kennen nur die Hinterzimmer der Macht, in denen Intrigen gesponnen werden. Muße ist ihnen unbekannt, ihnen eignet Zielstrebigkeit, Eile, Entschlossenheit, Korruption und Intrige. So ist es nur konsequent, dass bei Robespierre das Privatzimmer zum ungeschützten Raum wird, in dem ihn Zweifel und Fragen überkommen (I,6). Das Fenster dient dabei (wie in der nächtlichen Dantonszene II,5) als Übergangsort zwischen Bewusstem und Unbewusstem, der die verborgenen Stimmen vernehmbar macht. Das Volk agiert nur in der Öffentlichkeit, auch wenn es dabei um Privates geht. Dort herrschen Rohheit, Spontaneität, Gewalttätigkeit, Gleichgültigkeit, Wankelmut, Rollenspiel.

2 Die Antworten hängen davon ab, welche Stücke die Schüler gelesen haben.

Modul VIII: Wiederholen und sichern

INTENTION	Im letzten Modul geht es darum, die wichtigsten Ergebnisse der Unterrichtseinheit zu „Dantons Tod" so zu sichern, dass die Schülerinnen und Schüler eine gute Grundlage zur Wiederholung für die Klausur und das Abitur haben.
ZEITBEDARF	1 Doppelstunde
MATERIAL	KV 30: Ein „Buddy-Book" erstellen
DIDAKTISCHE HINWEISE	Um die bisherigen Unterrichtsergebnisse zu wiederholen und zusammenzufassen, sollen die Schülerinnen und Schüler einen „Spickzettel" bzw. ein „Buddy-Book" anlegen. Nähere Hinweise zu dieser Form der Ergebnissicherung siehe unten. Ein solches „Buddy-Book" zwingt die Schülerinnen und Schüler dazu, die bisherige Unterrichtsarbeit noch einmal zu rekapitulieren und vor allem, die bislang erarbeiteten Ergebnisse knapp und übersichtlich schriftlich zu fixieren.

ZIELVORSTELLUNGEN/ KOMPETENZ-BESCHREIBUNGEN	Die Schülerinnen und Schüler erwerben und verfügen über folgende Kompetenzen. Sie - wiederholen ihre Interpretationsergebnisse - wählen das Wesentliche aus und halten die Ergebnisse schriftlich fest
SOZIALFORM	Einzelarbeit/Partnerarbeit/Unterrichtsgespräch
METHODISCHES VORGEHEN/ HINWEISE ZUR ERSTELLUNG DES BUDDY-BOOKS	1. Zunächst falten die Schülerinnen und Schüler ein weißes DIN-A4-Blatt dreimal, erst quer, dann längs und dann wieder quer. Dabei jedes Mal den Falz mit einer scharfen Kante oder dem Fingernagel nachziehen (lassen), damit sich am Ende der Erstellung des Buddy-Books die fertigen Seiten gut blättern lassen. Wenn das Blatt korrekt gefaltet wurde, zeigt es beim Auseinanderfalten einen mittleren Längsfalz sowie drei Querfalze und weist acht Felder auf. 2. Im nächsten Schritt falten die Schülerinnen und Schüler das Blatt nun wieder zusammen und trennen das Blatt von der geschlossenen Kante her an der Mittellinie bis zum ersten Querfalz durch. Die zuvor aufgerissenen oder aufgeschnittenen Blätter müssten sich vorn und nach hinten öffnen und ein offenes Quadrat bilden. Mit leichtem Druck nach innen wird das Quadrat geschlossen und es entstehen so vier „Doppelseiten". Jetzt müsste ein kleines Booklet mit acht freien Seiten vor den Schülerinnen und Schülern liegen. 3. Die Schülerinnen und Schüler werden nun aufgefordert, zu überlegen, wie sie ihr „Buddy-Book" sinnvoll mit den wichtigsten Informationen zu verschiedenen Aspekten des Dramas füllen können wie Figurenkonstellation, Aufbau und Struktur, sprachliche Gestaltung etc. 4. Die Schülerinnen und Schüler überlegen sich Lösungen, tauschen dann ihre Booklets aus, überprüfen und ergänzen abschließend ihre Aufzeichnungen.

Lösungen

Kopiervorlage 30 → S. 44

1 Der historische Hintergrund
Die erste liberale Phase der Französischen Revolution, aus der die Aufhebung des Feudalsystems, die Erklärung der Menschenrechte und die Verfassung einer konstitutionellen Monarchie hervorgingen, wurde etwa ab Mitte 1792 abgelöst durch eine zunehmende Radikalisierung. Danton, der als Begründer der Revolutionsarmee und des Revolutionstribunals, als Justizminister und Hauptverantwortlicher für die „Septembermorde" einen Ruf als populärer, tatkräftiger Revolutionär erworben hatte, setzte sich angesichts des Staatsterrors der Jakobiner Ende 1793 für eine Beendigung der Revolution ein. Darauf wurde er unter dem Vorwand der Lasterhaftigkeit vor dem Revolutionstribunal angeklagt. Danton und seine Mitstreiter wurden am 5. April 1794 hingerichtet.

Der Autor und seine Zeit

Büchner hat sein Drama 1835 verfasst, zu einem Zeitpunkt, da die Französische Revolution und ihre Nachwirkungen noch in Schrift und Gespräch gegenwärtig waren und er selbst steckbrieflich gesucht wurde. Die Hoffnung auf eine baldige Umwälzung der Verhältnisse schien er zu dieser Zeit aufgegeben zu haben. Insofern spiegelt Dantons passive Haltung Büchners eigene Zweifel, als Einzelner den Lauf der Geschichte verändern zu können. Die Hoffnung auf eine gesellschaftliche Umwälzung in Deutschland hielt Büchner, soweit seine Briefe Auskunft geben, für gescheitert, zum einen aufgrund der menschlichen Verhältnisse, die von Gewalt bestimmt sind, zum anderen wegen der Lethargie der gebildeten Klasse.

Kurzinformationen zum Drama und zum Inhalt des Dramas

„Dantons" Tod entstand nach eigenen Angaben Büchners in weniger als vier Wochen. Danton, einer der Hauptakteure der Französischen Revolution, will die Revolution beenden. Sein Widersacher Robespierre zettelt eine Intrige gegen ihn an und lässt ihn vor dem Revolutionstribunal anklagen. Angesichts der drohenden Gefahr bleibt Danton passiv, weil er am Sinn der Revolution zweifelt. Obwohl Dantons Verurteilung und Hinrichtung im Mittelpunkt steht, gilt auch Robespierres Scheitern mit seinen Revolutionsvorstellungen im Stück bereits als ausgemacht. Das Volk, der vermeintliche Träger der Revolution, wird bei Büchner zwar in seinem Elend gezeigt, aber noch nicht als selbstbewusste Klasse inszeniert.

Die Figurenkonstellation

Danton ist Dreh- und Angelpunkt der Handlung. Es gibt keine von ihm abgelöste oder nicht auf ihn bezogene Handlung. Um ihn herum sind seine engsten Weggefährten gruppiert, die am Ende mit ihm aufs Schafott gehen. Danton ist als ambivalente Figur angelegt: einerseits als Genussmensch, der die Not des Volkes zu missachten scheint, andererseits als zur Einsicht gekommener Revolutionär, der ein weiteres Blutvergießen ablehnt. Danton wird passiv gezeigt, er wehrt sich nicht gegen seine Verurteilung. Gründe dafür sind v.a. der mangelnde Glaube an sinnvolles politisches Handeln, Einsicht in die Unvollkommenheit des Menschen und nicht zuletzt sein schlechtes Gewissen wegen der Septembermorde.

Dantons Passivität steht Robespierres Entschlossenheit gegenüber, dessen Genussstreben seine Askese, dessen Leidenschaft sein Kalkül. Robespierre ist als Antipode zu Danton angelegt, sein wichtigster Mitstreiter ist St. Just.

In den Beziehungen zu Julie und Lucile spiegelt sich die Menschlichkeit und Liebesfähigkeit der Revolutionäre Danton und Camille. Beide Ehefrauen folgen am Ende aus Liebe ihren Männern in den Tod. Ihr Blick auf die Geschichte ist vollkommen unpolitisch, nur von der Sorge um ihre Ehemänner getragen.

Aufbau und Struktur

Das Drama besteht untypischerweise aus vier Akten und umfasst insgesamt 32 Szenen. Obwohl keine Einheit von Handlung, Ort und Zeit wie im klassischen Drama vorliegt, handelt es sich bei „Dantons Tod" um kein typisch offenes Drama. Der überschaubaren Zeitspanne und der weitgehenden Geschlossenheit der Handlung steht eine Vielzahl an Handlungsorten gegenüber. Im Gegensatz zu vergleichbaren zeitgenössischen Geschichtsdramen wird der Protagonist nicht auf dem Höhepunkt seiner Kraft gezeigt, sondern als passiv Handelnder, der seinen Untergang bereits vorweggenommen hat. Insofern weist das Drama eine statische Handlung ohne Höhepunkt und ohne Spannungsdramaturgie auf.

Sprachliche Gestaltung

Die Prosasprache Büchners wirkt überraschend modern. Die Vielfalt an Sprechweisen ist wie in anderen Dramen Büchners enorm: Es finden sich neben den üblichen Gestaltungsmitteln auch Reden und Lieder, Bildungssprache und Gossensprache, Poesie und Grobianismen, Jargon und philosophische Sentenz, geliehenes und authentisches Sprechen etc. Die Sprache bildet die Heterogenität des Lebens ab und dient der Charakterisierung der Figuren, zeigt ihre Milieuzugehörigkeit, ihren Bildungsgrad und ihr Temperament. Auffallend sind der sprachliche Realismus und die bildhafte Sprechweise der Figuren. Insofern entspricht die sprachliche Gestaltung Büchners Kunstauffassung des Realismus, die sich von den in Blankversen geschriebenen Dramen der Aufklärung und Klassik, die ein gleichbleibend hohes Stilniveau anstrebten, weit absetzt.

Zeit- und Raumgestaltung

Schauplätze sind zumeist Innenräume. Die Dantonisten ziehen private Räume vor, die Anhänger Robespierres dagegen Räume, in denen Öffentlichkeit möglich ist.

Das Geschehen spielt sich innerhalb weniger Tage ab. Alle Protagonisten sind im Lauf der Geschichte gefangen.

Themen und Motive

Beherrschendes Thema des Stückes ist das Verhältnis von Individuum und Geschichte. (Ausführlicheres dazu unter dem Punkt Genreaspekte.) Strukturiert wird das Drama darüber hinaus durch immer wiederkehrende Motive wie die Theater- und Bühnenmetaphorik, die Spannung von Eros und Liebe sowie grundlegende existenzielle Fragen wie das Verhältnis des Einzelnen zum Tod.

Genreaspekte – Das Geschichtsdrama

Büchner will, im Gegensatz zu Schiller und seinen idealistischen Geschichtsdramen, Geschichte realistisch und ungeschönt wiedergeben. Er versucht der historischen Wahrheit so nah wie möglich zu kommen, indem er Originalreden und Äußerungen der historischen Personen zum Teil wörtlich in den Text übernimmt. Büchner sieht im Gegensatz zu seinen Zeitgenossen die Bühne nicht als Ort der moralischen Erziehung, sondern für ihn ist das Theater ein Ort der unmittelbaren Anschauung. Die Französische Revolution wird ihm dabei zum Modell einer gescheiterten Revolution. Die Einsicht in die unabwendbare Gewalt der Verhältnisse und deren selbstzerstörerische Eigendynamik lassen die Hoffnung auf eine gelingende Revolution zweifelhaft werden.

Die Grundskepsis gegenüber allen politischen Veränderungsprozessen kommt auch darin zum Ausdruck, dass Politik als Theater entlarvt und des Wirklichkeitsverlustes überführt wird. Sinnstiftung und Glaubwürdigkeit bezieht das Stück allein aus den privaten Szenen um Liebe und Tod.

Hinweis zur Übungsklausur (KV 31)

Die Übungsklausur für Schülerinnen und Schüler (KV 31) wird in dem Heft „Klausurtraining Dantons Tod" in allen Arbeitsschritten exemplarisch erschlossen: Mithilfe des Heftes lassen sich die einzelnen Arbeitsschritte, an deren Ende der Aufsatz steht, nachvollziehen. Eine Musterklausur zeigt, wie ein fertiger Schüleraufsatz zu der gestellten Aufgabe aussehen könnte.

1. → **2.** → **3.** → **4.** → **5. Klausur schreiben** → **6.**

Formulieren Sie Ihre Gedanken wie im Schreibplan festgelegt. Bemühen Sie sich um **gedankliche Genauigkeit** und Schlüssigkeit Ihrer Ausführungen und um eine angemessene Art der Darstellung. Zeigen Sie, dass Sie den Text genau gelesen haben.
Fügen Sie dazu gezielt (und korrekt!) **Zitate** ein. Achten Sie aber darauf, dass die Zitate, die Sie auswählen, prägnant im Stil und präzise in der Aussage sind. Zu lange Zitate wecken den Verdacht, dass Sie den Text nicht richtig verstanden haben bzw. nicht in der Lage sind, **selbstständig** zu **formulieren**.

Einleitung:
In den beiden vorliegenden Briefen entwickelt Büchner in wenigen Sätzen seine Sicht auf die Geschichte. Dabei liegen seinen Einsichten verschiedene Anlässe zugrunde. Im Brief an die Familie vom April 1833 entzünden sich seine Gedanken an einem aktuellen Revolutionsgeschehen in Hessen, im Brief an die Verlobte vom März 1834 spricht er seine Überzeugung nach seinem Studium der Französischen Revolution aus, die etwa 40 Jahre zuvor mit dem Sturz Robespierres ihr Ende fand. Büchners Entschluss, ein Drama über die Französische Revolution zu schreiben, reifte in dieser Zeit heran. Etwa ein Dreivierteljahr nach dem Brief an Wilhelmine Jaeglé wird er in nur fünf Wochen das Drama „Dantons Tod" fertigstellen.

Hauptteil:
1. Teilaufgabe
Auffällig ist, dass in beiden Briefen ein aufgewühlter und zugleich hoffnungsloser Ton vorherrscht. Der Brief an die Eltern offenbart Büchners politische Überzeugung Anfang 1833. Er ist von der Notwendigkeit eines gewaltsamen Umsturzes überzeugt („Wenn in unserer Zeit etwas helfen soll, so ist es *Gewalt*", Z. 2). Das sei das einzige Mittel, das die Fürsten zu Zugeständnissen bewegen könne, blieben sie doch in ihren Konzessionen weit hinter den Erwartungen zurück. Nur „elendes Kinderspielzeug" (Z. 5) habe das Volk erhalten.
Aber nicht nur den Fürsten gilt seine Kritik, sondern auch dem Volk selbst und den Landständen, an denen neben Adel und Kirche auch die Bürger teilhaben. Das Volk bezeichnet er abschätzig als „ewigen Maulaffen" (Z. 5 f.), das nur mit offenem Mund dastehe, aber nicht handle. In drastischer Eindringlichkeit schildert Büchner, wodurch die mangelnde Willenskraft der Untertanen bedingt ist: Sie merken nicht mehr, dass sie „im Loch stecken mit angeschmiedeten Händen und Füßen und einem Knebel im Munde" (Z. 13 f.), da sie nie etwas anderes als den „Kerker", sprich: die geistige Unfreiheit erlebt haben. Die hier angesprochene mangelnde Bewegungsfreiheit wird auch in dem Bild von der „zu eng geschnürten Wickelschnur" (Z. 5 f.) aufgegriffen. Büchner fordert von den Mächtigen ein Handeln nach dem „Recht" und der „gesunde(n) Vernunft" sowie einen „gesetzlichen Zustand". Diese Ziele stehen ganz in der Tradition der Aufklärung. Die „verdorbene" Elite hält er für eine „ewige, rohe Gewalt", da sie ihre Privilegien mit militärischen Mitteln durchsetzt.
Büchners Sympathie für die Frankfurter Putschisten ist nicht zu übersehen. Er bedauert einerseits „die Unglücklichen von Herzen" (Z. 26), auch wenn er andererseits davon überzeugt ist, dass zum gegebenen historischen Zeitpunkt jeder revolutionäre Versuch in Deutschland „eine vergebliche Unternehmung" ist. Die Schuld liege aber nicht bei den Revolutionären, sondern bei der passiven und gleichgültigen Bevölkerung.
Etwa ein Jahr später beschäftigt er sich mit historischen Schriften zur französischen Revolution. Die Frucht seiner Leseeindrücke schildert er seiner Verlobten Wilhelmine Jaeglé. Gleich zu Anfang bekennt er, dass er aufgrund der Lektüre nicht in der Lage war, ihr zu schreiben.